● 白少川 著

京华老号

中国商业出版社

图书在版编目（CIP）数据

京华老号大和恒 / 白少川著 . -- 北京：中国商业出版社，2015.1

ISBN 978-7-5044-8820-6

Ⅰ.①京… Ⅱ.①白… Ⅲ.①粮食行业—老字号—介绍—北京市 Ⅳ.① F721.8

中国版本图书馆 CIP 数据核字 (2015) 第 011446 号

责任编辑：刘毕林

中国商业出版社出版发行
010-63180647　www.c-cbook.com
(100053　北京广安门内报国寺 1 号)
新华书店总店北京发行所经销
北京明月印务有限责任公司印刷
*
710×1000 毫米　1/16 开　11.5 印张　140 千字
2015 年 5 月第 1 版　2015 年 5 月第 1 次印刷
定价：48.00 元
* * * *
（如有印装质量问题可更换）
版权所有　翻印必究

[领导题词]

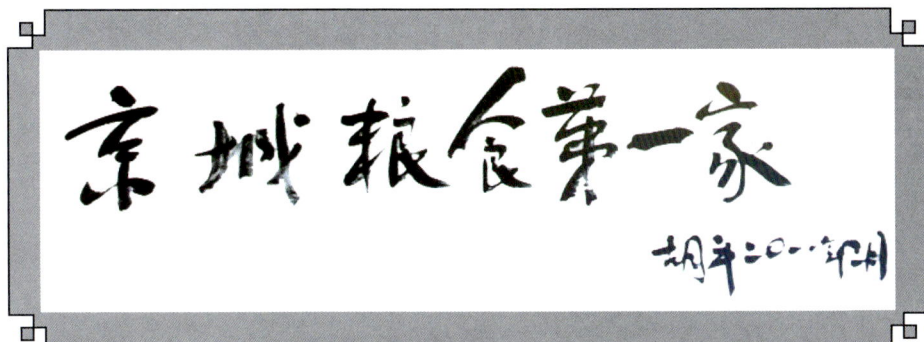

胡平同志为大和恒题词（一）
京城粮食第一家

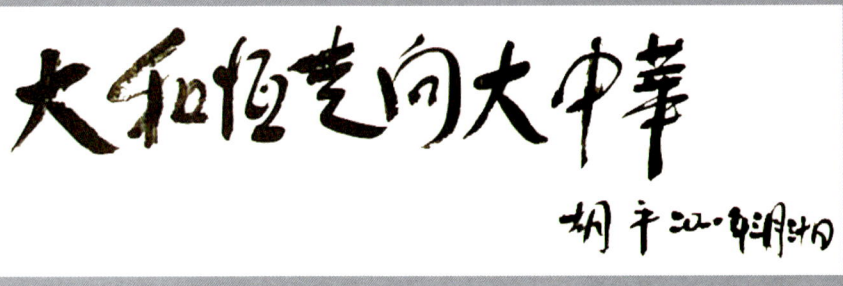

胡平同志为大和恒题词（二）
大和恒走向大中华

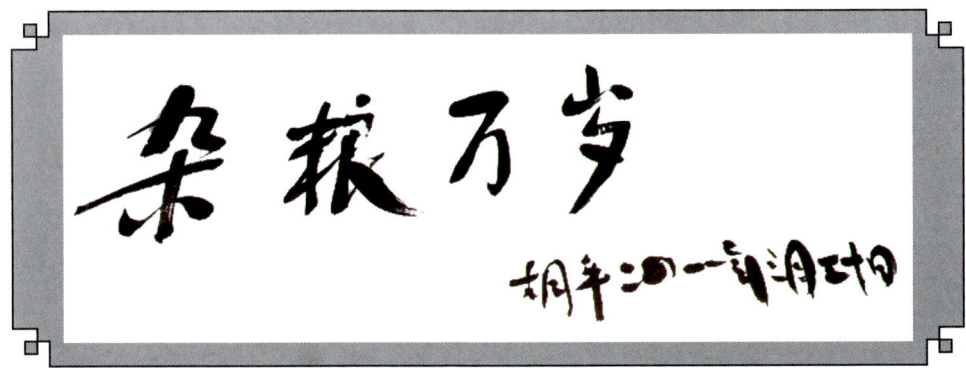

胡平同志为大和恒题词（三）
杂粮万岁

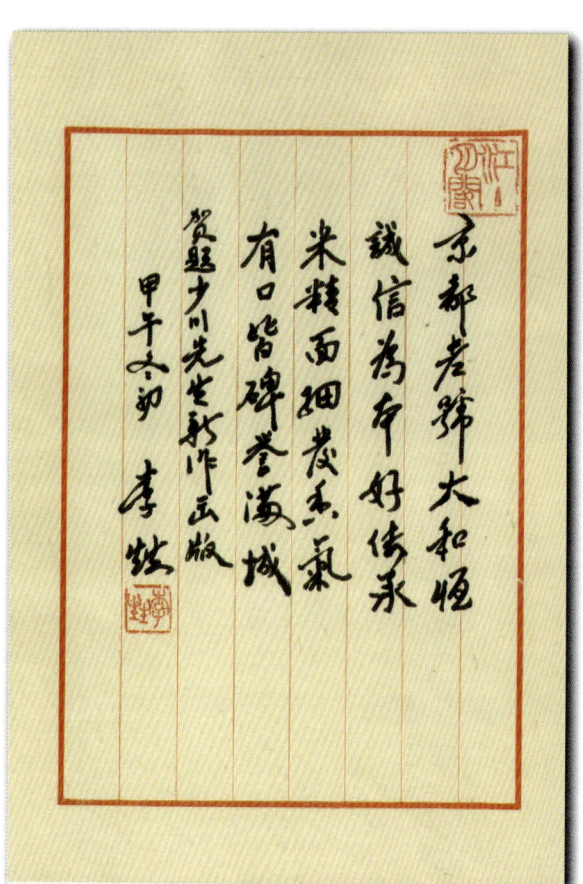

中共北京市委原副秘书长
李牲为本书作诗

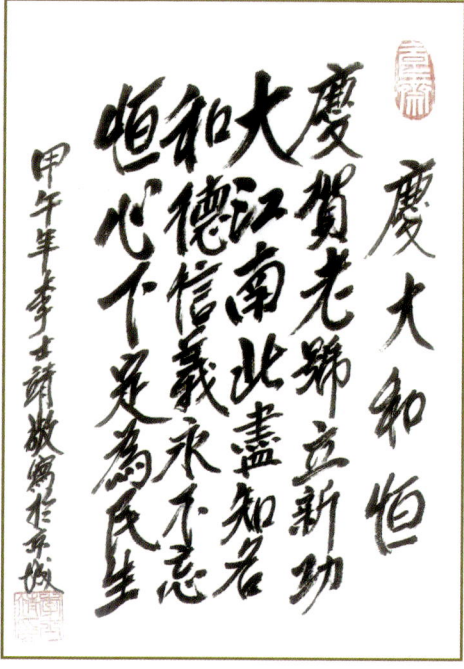

中国食文化研究会原副会长
李士靖为本书题字

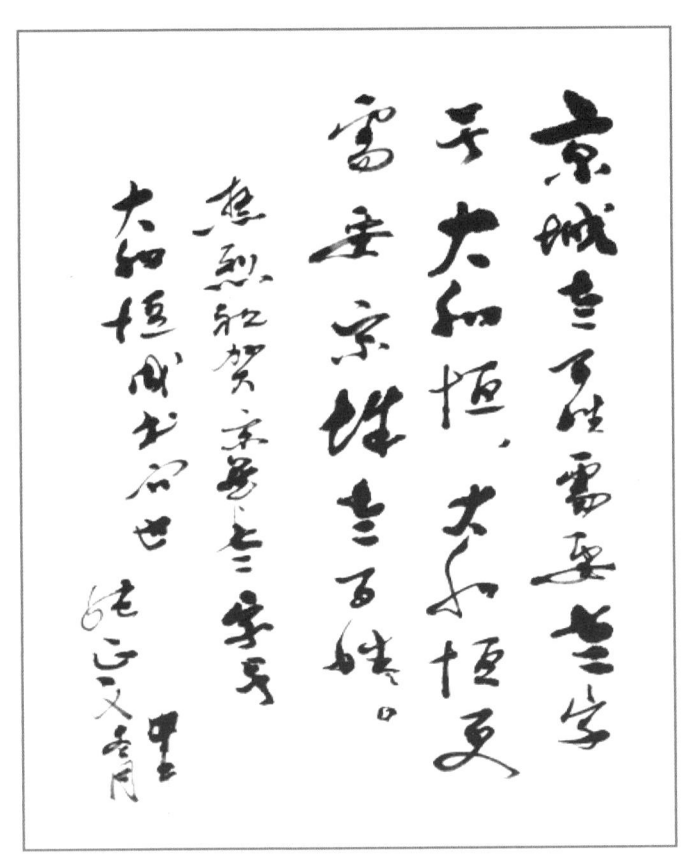

北京市粮食局原局长张正义为本书题字

[历史回顾]

大和恒创始人、董事长齐如山先生

齐如山先生（右）与京剧大师梅兰芳（左）合影

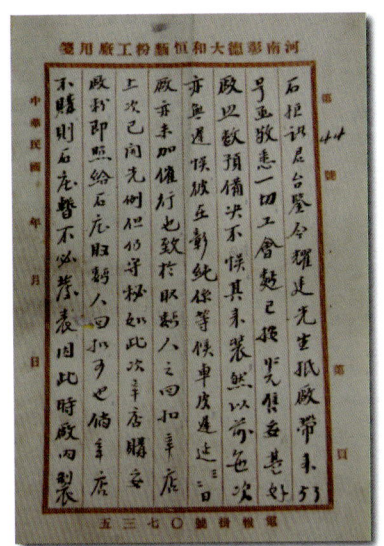

民国时期彰德大和恒使用的信笺

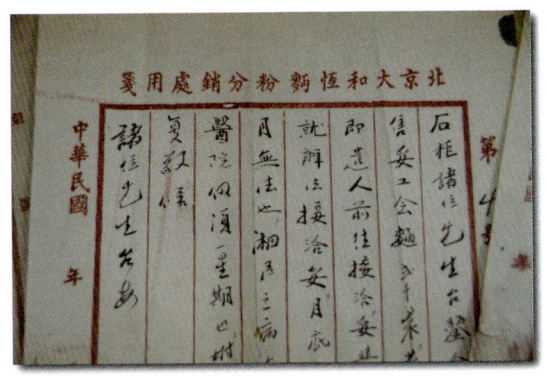

民国时期北京大和恒面粉分销处用笺

大和恒面粉厂旧址

 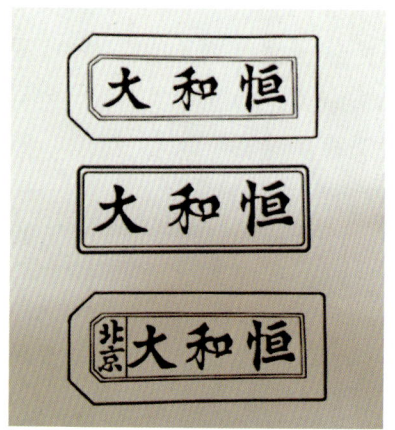

民国时间北京大和恒使用的信封及印章

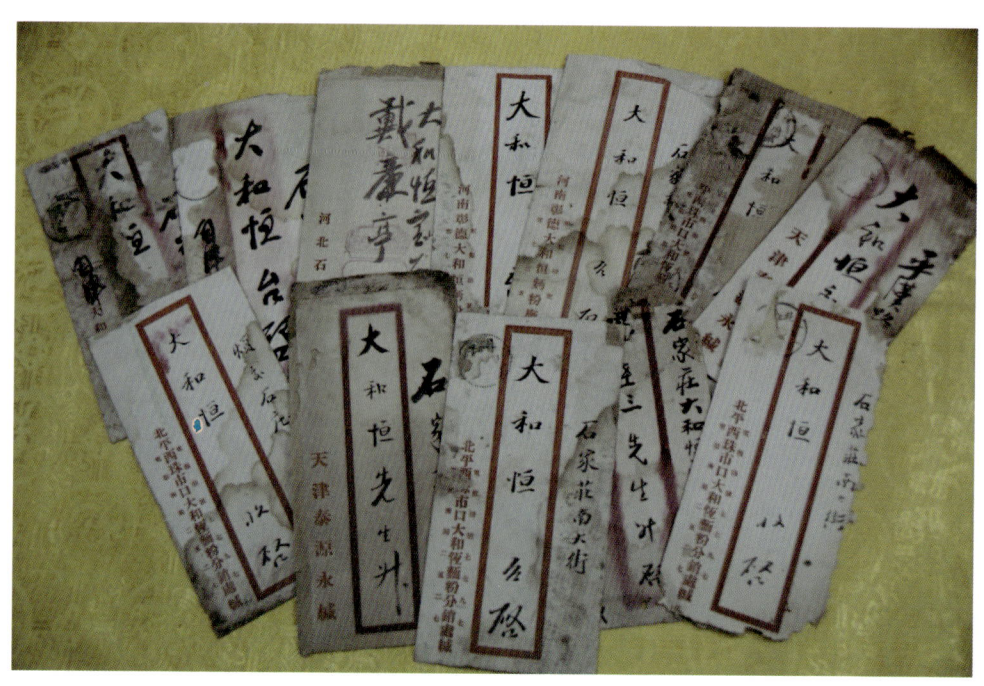

民国时间北京大和恒及各分号使用的信封

[重张开业]

2008年7月22日重张开业后的大和恒粮行

粮行全貌

杂粮加工

主食厨房

特色产品
"小米面"和"三条腿玉米面"

2014年重新装修的大和恒

[领导视察及名人采访]

2011年，商业部原部长胡平等领导来店视察。胡平（右三）、大和恒董事长黄春啟（右二）、北京老字号协会原副会长刘满来（右一）、北京市粮食局原党委书记王子美（左一）、作者（左二）、北京市粮食局原局长张正义（左三）

2014年，白美清名誉会长来店视察。白美清（右一）、作者（右二）、吴敬（右三）、北京市粮食行业协会会长田鸿儒（左二）、大和恒董事长黄春啟（左一）

中国粮食行业协会协会名誉会长白美清（右），作者（中）、大和恒董事长黄春啟（左）

漫画大师李滨声来店做客并与大和恒领导合影。张青（左一）、作者（左二）、李滨声（中）、大和恒董事长黄春啟（右二）

著名京味作家刘一达来店采访（左起：郭庆瑞、黄春啟、刘一达、白少川、张永忠）

民俗美食家姜波来店指导工作（右起：姜波、白少川、黄春啟）

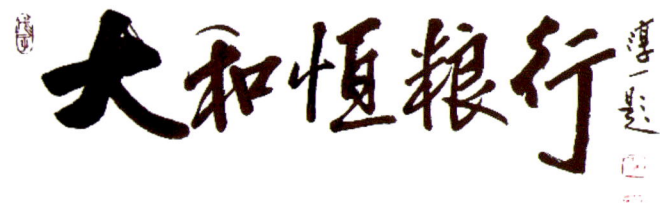

著名书法家淳一先生为大和恒粮行书写匾额

大众膳食 常挂心 颜悦色待嘉宾 宾恒凭杂豆优全 好粮靠当年 年末面新
百年老妪大和恒粮店惠存 古都郭庆瑞诗 改东良书

诗人郭庆瑞为大和恒作《竹枝词》

著名书法家八金先生为大和恒书写匾额

李士靖先生向大和恒董事长黄春启先生赠送条幅

北京市商务委原副主任闫小彦与作者在香港国际食品博览会上合影

中国粮食行业协会杂粮分会原秘书长李红（右）来粮行指导工作

著名小吃专家陈连生（左），北京老字号协会刘满来副会长（中），北京市粮食局原总工程师张元培（右）来店指导工作。

大和恒董事长黄春啟（左二）、大和恒董事郑健（左一）与五常水稻专家交流。

[领导及团队]

大和恒董事长黄春啟先生

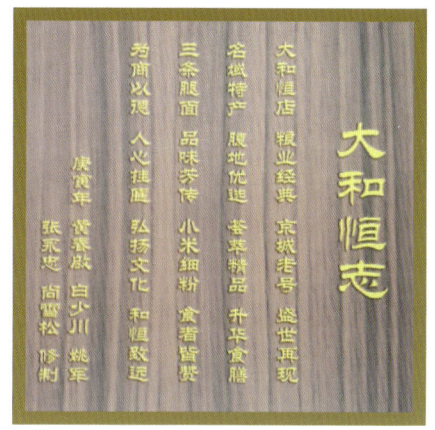

大和恒志

大和恒董事长黄春啟与作者在黑龙江五常市水稻种植基地考察

大和恒副总经理张永忠在山西沁县采购小米

剧照一

剧照二

剧照三

剧照四

剧照五

大和恒在湖南卫视《天天向上》栏目做节目

大和恒董事长黄春啟（左）
常务副总经理张永忠（右）
与北京电视台著名主持人
火旺（中）合影

著名相声演员、北京电视台嘉宾主持
李然（左），来大和恒录制节目

中央人民广播电台"文艺之声"
《时尚知道》栏目记者采访作者

作者在为社区居民传播
粮食知识

2013年7月，著名中医专家翁维健教授（左起第七）在大和恒开办的《百姓健康大讲堂》上为陶然亭街道居民普及"粮食与健康"方面的知识

北京中医药大学教授翁维健（中）和中国餐饮文化大师单守庆（右）与作者（左）合影

大和恒米面加工技艺非遗证书

先进集体称号

文明单位称号

 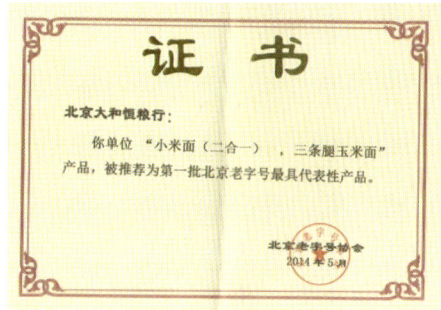

老字号商标使用权证书　　　　　　原汁原味产品证书

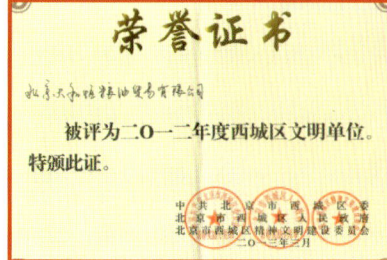 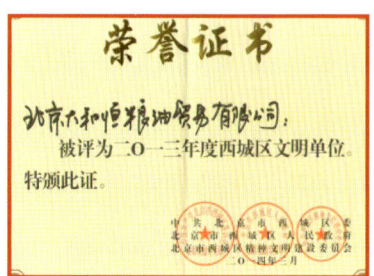

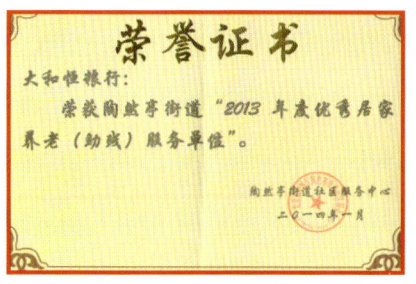 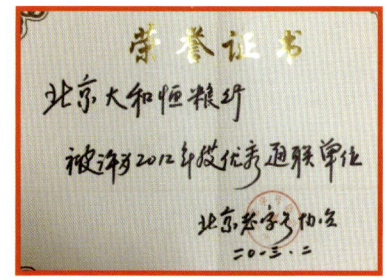

各种奖牌奖状（一）

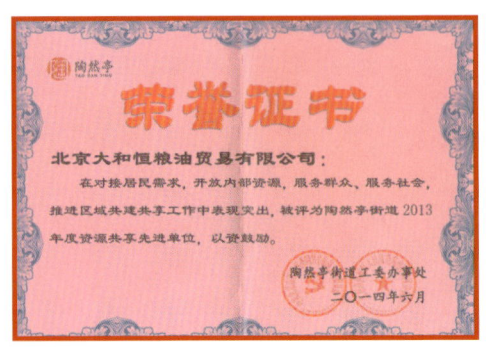 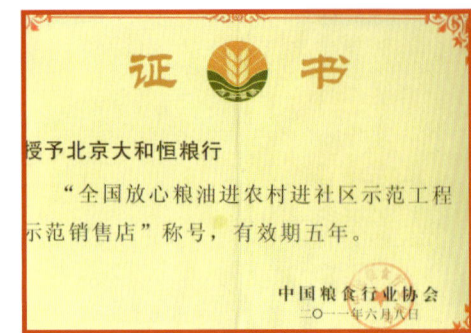

各种奖牌奖状（二）

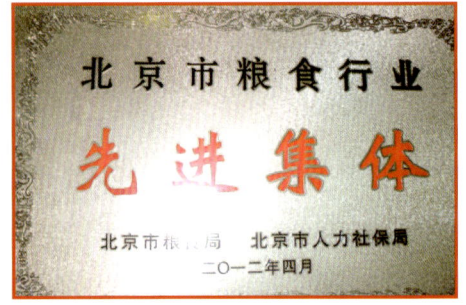 

各种奖牌奖状（三）

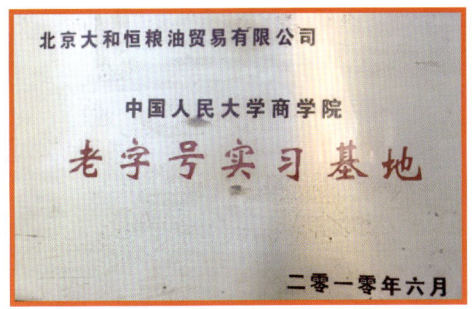

各种奖牌奖状（四）

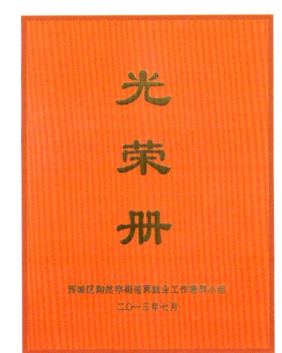
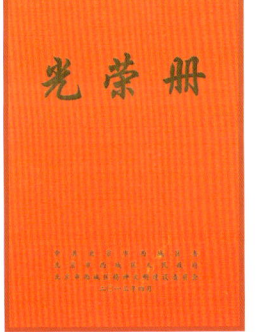

北京老字号协会会员证

[建立分店]

2013年10月9日,大和恒四川乐山店隆重开业

2014年5月18日,天津老字号协会杭天增会长(中)、北京老字号协会张健副会长(右)和北京大和恒董事长黄春啟(左)为大和恒天津分店开业剪彩

2014年10月26日,大和恒河南安阳分店隆重开业:北京大和恒副总姚军(左一)、刘勇先生(左二)、作者(左三)、北京大和恒副总经理尚雪松(左四)合影

序

推荐一本好书,是一件令人高兴的事。《京华老号大和恒》就非常好。在同类型书中,它特色鲜明,有深度、有新意。我很愿意为它说几句心里话。

一

这是一本"以五谷为养"为主要内容,讲"吃"的书。别看"吃"是件每天都离不开的挺"俗"的事儿,却很好地反映了北京人特有的性情和北京城的文化。因为北京人的"吃"已经不仅仅是为了充饥,而是一种精神的追求和生活享受。

你看,北京人的"吃"并不追求原料的昂贵,而是追求工艺的精湛。即使一道简单的"三条腿玉米面"的制作,往往都凝聚了它的发明者和制作者几辈人的心思。

北京人不但琢磨怎么做,而且还讲究怎么吃。"吃"讲求个过程:吃五谷杂粮讲究个合理搭配和科学配比。这主要是将五谷杂粮所含营养素融入中国传统医学的食疗中,根据性味归属和功效搭配,将相同功效或可以功效互补的五谷杂粮组合搭配在一起。这就叫会吃。会吃才能"吃"出美味,会吃才能"吃"出健康,会吃才能"吃"出品位。

北京人的"吃",其实,魂牵梦绕的并不只是五谷杂粮中的某个品种本身,更多的是加工制作后那些吃食里所蕴涵的北京滋味,以及那些滋味里所寄托的北京文化和情感。这才是人们追求吃食"原汁原味"的真实心思所在。

二

这是一本讲述京城老号大和恒前世今生的书,读起来不仅不枯燥,反而很有情趣;说的似乎都是些老事儿,但写得并不古板,不老气横秋,

反而很贴近时代;写的是历史,却有着浓郁的文化味道。它不是就历史说历史,就地理说地理,而是用比较生动的办法,来看许多故事和典故,说得有来头,有来龙去脉,有人物、有插曲、有故事,不单摆浮搁,这便是文化。介绍北京老字号,以这种办法为最好。大和恒的"新生"给我们的启示是多方面的。

大和恒的新生,包括抢救、保护、传承、弘扬和创新等多个相互衔接、融为一体的环节,是个文化建设的系统工程。因此,它是一个衍续历史文脉、建设鲜明京味"血型"和开放创新文化的过程。

老字号是极具开采价值的文化"原生矿"。大和恒的新生,要做的是将"文化资源"转化为文化力,将文化力转化为经济力,进而以品牌的力量为提升民生品质做出贡献。

我们要学会用文化的眼光认识大和恒的新生。大和恒的价值在于"粮食文化"、"五谷为养"文化的传承和弘扬;大和恒的发展动力来自"兼收并蓄"的开放创新意识;大和恒的活力在于它是为"提升民生品质"服务的生活方式;大和恒的特质是源泉于诚实守信的社会责任。

三

这是一本传递老字号掌门人心声的书。黄春启先生是大和恒粮行的掌门人,白少川先生是大和恒粮行代表性传承人。几年来,他们以舍我其谁主动精神为大和恒的发展做到了"千方百计",付出了千辛万苦,发挥着不可替代的重要作用。以大和恒令人瞩目的发展成果表达了他们热爱老字号事业、保护老字号、传承老字号、创新老字号、发展老字号的心声。他们自豪地说:"我们选择了大和恒,就是选择了奉献、选择了创新、选择了责任。"他们是有情有义有眼光的人;他们是有文化自觉和文化自信的人;他们是弘扬传统民族文化、发展老字号事业的脊梁。我以一个老字号志愿者的名义,向"大和恒人"致敬!向北京老字号经典致敬。

刘鸿来

二〇一〇年十二月

前　言

京华老号 大和恒

2006年6月的一天，时任北京老字号协会常务副会长的刘满来先生向商业部原部长胡平同志汇报工作。当说到北京老字号的状况时，老部长深有感触，语重心长地说："老字号是中华民族的瑰宝，北京恢复老字号的工作做的不错，饭馆不少，茶叶店也不少，做鞋做帽子的都有，但唯独粮食行业没有。粮食关系国计民生，研究一下，能否恢复一些老粮店。"

刘满来同志把老部长的话听在耳里，记在心上，并把这件事告诉了北京市粮食局老局长张正义。张正义一听高兴地说："好哇！咱们想到一块去了，我们有'大和恒'啊！"于是，一个恢复"大和恒"的计划开始了。

今天提起"大和恒"，七十岁以下的人几乎无人知晓，但七十岁以上的老北京人却记忆犹新。"大和恒"是上个世纪三四十年代粮店中的龙头企业，曾与"全聚德"、"瑞蚨祥"等知名饭馆、商号齐名。"大和恒"所售粮食货真价实，准斤足两，绝无掺糠使水之事。有资料记载，北平解放前夕到"大和恒"排队买粮者曾达千人之多，他家的粮食不卖完，附近的粮店甭想开张。大和恒的"小米面"和"三条腿玉米面"蒸出的窝头比馒头好吃，不就菜也能吃上两个，当时已是誉满京城。

"大和恒"是谁创办的？历史上做出了怎样的业绩？重张的"大

1

和恒"能否再现当年的盛况?这些问题都非常值得探究。本书的写作和出版,就是想让老年人找回当年的记忆,帮助年轻人了解"大和恒";并以"大和恒"的诚信精神焕起商家的良知,崇尚"货真价实,童叟无欺"的商业道德,净化粮油市场,杜绝"毒大米"、"地沟油"等危害人民健康的食品,让老百姓吃上放心的米面粮油。

本人1962年参加工作,在粮食行业一干就是50多年。参加工作初期被分配到宣武碾坊学习粮食加工,也正是这一时期,结识了我的师傅任增玉。任增玉是大和恒米面加工技艺第三代传承人,1956年公私合营后被分配到国营粮食企业工作,直到退休。任增玉老师干了一辈子粮行,不仅粮食加工技艺精湛,且为人谦和忠厚。他把大和恒"小米面"和"三条腿玉米面"的加工技术,手把手地传授给我,还给我讲述了不少大和恒的往事。师傅退休前对我说:"'小米面'和'三条腿玉米面'深受老百姓的喜爱,是大和恒的招牌产品,可不能在你手上失传啊!"师傅的话经常萦绕在我耳边。我想,今天写这本书,也算是对我师傅最好的怀念了。

本书共分三章。前两章"粮行往事"、"盛世再现"介绍"大和恒"的前世今生,讲述粮行成长过程中的轶事趣闻。第三章"粮食与健康"主要是作者在北京和全国各地多家电视台及街道,社区进行粮食科普讲座的内容。这些文章有的曾发表在《中外企业文化》、《时代经贸》等刊物上,但多数是第一次和读者见面。希望读者在了解"大和恒"的同时,能够增加粮食科学方面的知识,并利用这些知识在日常生活中选好粮、用好粮,实现吃得科学、吃得合理、吃得营养、吃得健康。

值此出版之际,感谢李滨声先生为本书作画,刘满来先生为本书作序,李牪、李士靖、张正义、诸先生为本书题词。本书在写作过程中,餐饮文化大师单守庆先生给予了热情的帮助,一并表示感谢。尽管本人已经很努力,但由于水平和资料的局限,难免有错误之处,希望广大读者批评指正。

作者

2014年12月

目录

京华老号 大和恒

1	**第一章　粮行往事**
3	一、齐氏三兄弟
6	二、字号的来源
8	三、韩辅臣的传奇故事
10	四、头顶"福、禄、寿"三颗星
13	五、千人排队大和恒
16	六、"小米面"和"三条腿玉米面"
20	七、吃烤肉就窝头——奴欺主
21	八、历经沧桑四十年
25	**第二章　盛世再现**
27	一、学艺
30	二、老部长的心愿
34	三、"吃大和恒的粮食，放心"
37	四、老粮店里的"稻花香"
42	五、《大和恒米面加工技艺》入选《非遗》
45	六、从"小米面"到五色窝头
48	七、走进宝岛考察交流
52	八、百姓健康大讲堂普及粮食知识

55	九、做客《天天向上》
58	十、大米里的学问
60	十一、白美清会长视察大和恒
63	十二、构筑健康的"防火墙"
65	十三、做粮食文化的传播者
68	十四、同根同长 共铸辉煌

71	**第三章 粮食与健康**
73	一、大和恒的特色粮油
73	1. 漫话小米
75	2. 话说杂面
77	3. 浅谈"小米面"、"三条腿玉米面"的营养价值
79	4. 清热解毒话绿豆
81	5. 腊八粥的传说
84	6. 粮食中的黑色家族
89	7. 备受青睐的燕麦
91	8. 你知道藜麦吗
92	9. 健康的生态食品青稞
93	10. 浅谈亚麻籽油的营养价值
94	11. 忆苦思甜话榆皮
95	12. 新疆明珠鹰嘴豆
96	13. 八珍之首芡实
97	14. 天价大米胭脂稻
100	15. 甜荞、苦荞两相宜
102	16. 与众不同的营养配比粥
105	二、米面粮油您选对了吗
105	1. 常吃杂粮有益健康

111	2. 火眼金睛识大米
113	3. 吃面粉有讲究
115	4. 选对油控好量
120	三、粮油小常识
120	1. 大米淘洗有讲究
120	2. 大米不能暴晒
121	3. 捞饭、焖饭和蒸饭哪种烹调方法更好
121	4. 糙米饭预防糖尿病
121	5. 自制糯米醪糟
122	6. 糯米食疗有良方
122	7. 什么是富硒大米
123	8. 什么是富锌大米
123	9. 什么是红曲米
123	10. "麦吃陈，米吃新"
123	11. 面粉不是越白越好
124	12. 石磨加工的好处
125	13. 方便面到底有没有营养
125	14. 绿豆汤为什么会变红
126	15. 绿豆解重金属中毒
126	16. 什么豆子最适合打豆浆
127	17. 什么豆子最适合煮粥
127	18. 豆浆、牛奶哪个更有营养
127	19. 什么人不宜喝豆浆
128	20. 介绍几种营养杂粮豆浆
129	21. 白薯的功效
129	22. 玉米价值不可小觑
130	23. 如何挑选鲜玉米
130	24. 薏米快熟有妙招

京华老号 大和恒

131	25. 全谷物食物三大好处
131	26. 不容忽视的膳食纤维
132	27. 大麦芽与大麦茶
132	28. 高粱米适合做点心
133	29. 什么是"蚕豆病"
133	30. 什么是"克山病"
134	31. 什么是"癞皮病"
134	32. 五谷养五脏
135	33. 长寿之乡老人的养生秘诀
135	34. 一年四季都爱喝粥的乾隆皇帝
136	35. 三餐不能都喝粥
136	36. "要多吃粮,少吃肉"
137	37. 煮粥放碱面面观
137	38. "当年产的五谷杂粮要陈一年才好吃"
138	39. 高血压病人的主食选择
138	40. 糖尿病人的主食选择
139	41. 肾藏病人的主食选择
140	42. 痛风病人的主食选择
140	43. 人为什么要吃油
140	44. 不吃油可以吗
141	45. 永远不吃动物油对吗
141	46. 只吃橄榄油行吗
142	47. 棕榈油真的很可怕吗
142	48. 稻米油降脂靠谱吗
143	49. 油饼、油条等油炸食品不宜多吃
143	50. 炸食物的剩油怎么处理
144	51. "三高"人群吃哪些油好
144	52. 黑芝麻护眼攻略

第一章
粮行往事

一、齐氏三兄弟

京华老号 大和恒

大和恒粮行始建于1915年。原址在北京前门外西柳树井26号（现西城区珠市口西大街路北，丰泽园饭庄往西约200米），西隔壁是有名的戏园"第一舞台"。粮行是四进的院子，前店后厂，自产自销，最后两层院子是库房、碾房和磨房，有15盘石磨，忙时可一昼夜加工各种杂粮50吨，是一家颇具规模的粮店。

大和恒董事长是齐竺山、齐如山、齐寿山三兄弟。齐氏三兄弟出自书香门第，祖父齐竹溪、父亲齐契亭两代都是清朝的进士。祖父是阮元门生，父亲是翁同龢门生。其父博学多才，天文地理无所不晓。齐家祖居山西太原，后举家迁入河北高阳，在此落户。1903年全家三十余口搬入北京东单西裱褙胡同31号，门口有"高阳齐寓"四个字，

五十余年始终保持和睦的家庭关系。

大哥齐竺山，名宗祜，生于1868年，卒于年份不详。齐竺山先生曾中过举人，后入同文馆学习德文和法文。庚子年间，同文馆停办，竺山先生遂经营实业，在北京、河北开办多家粮店，在河南彰德（今安阳）建面粉厂，由他创办的义兴局及南苑农场在孙中山先生的革命事业中曾起了一定作用。辛亥革命初期，各省纷纷响应，北京也暗地里设置了一个革命机关，就在义兴局里头，李石曾为外面主持人。义兴局建在崇文门内镇江胡同，辖区内洋人甚多，官府不敢轻易打扰，一些革命志士在此得到庇护。当时炸死良弼之事，令清官闻风丧胆，袁世凯也十分害怕，此举至上海和约迅速达成。而炸死良弼的彭家珍，就是由义兴局派出去的。这一时期，义兴局设在南苑的农场，亦为革命党运送、试验炸弹做出了不小的贡献。大革命失败后，齐竺山先生志立于发展实业。他懂经营，会管理，善于用人，是一位颇有成就的民营企业家。

二哥齐如山，名宗康（1876-1962年）。齐如山先生三岁认字，五岁通读四书五经，聪明过人。入同文馆后学习外文，懂英文、法文、德文、意大利文等四国文字，后赴德国学习，归国后主要从事戏剧研究，是梅兰芳的亲密合作者。齐如山虽然也是大和恒的董事长，但具体事务主要依靠其兄齐竺山，况且当时大和恒总经理是韩辅臣，随后韩的儿子韩星久继任，齐如山则全力辅佐梅兰芳，成天和梅兰芳一起研究和创作新戏。齐如山比梅兰芳大19岁，齐梅是忘年之交，合作20多年，为梅兰芳创作和改编了几十个剧本。如《洛神》、《天女散花》、《宇宙锋》、《霸王别姬》和《贵妃醉酒》等，都出自齐如山之手。齐如山还成功策划了梅兰芳访美、访日等活动。他既是策划者、出资人，

又是翻译，这无疑扩大了梅兰芳及中国京剧在国际上的影响，后来有人评论梅兰芳的成就时说："没有齐如山，便没有梅兰芳"，这话一点也不过分。说来也怪，当年北京大和恒的先生、伙计们都能唱上几口京剧，这不也是受到了董事长齐如山与梅兰芳交往的影响吗！

三弟齐寿山，名宗颐（1881–1965年），教育家，翻译家。齐寿山虽然也是大和恒的董事长，但只是挂名，自己另有一番事业。齐寿山1895年进入北京同文馆学习德语和法语，1907年与蔡元培等人去德国留学，回国后在北洋政府教育部门任职。齐寿山与鲁迅交往甚密，两人在北京的14年中建立了深厚的友谊，是鲁迅一生中为数不多的挚友。齐寿山的国文和德语修养都相当好，他与鲁迅先生合译了荷兰作家弗雷德里克·凡·伊登的《小约翰》，还独自翻译了苏联作家马纳斯德略夫著的《在宁静的海岸边》。

二、字号的来源

　　1908年,齐竺山应好友李石曾(同乡李鸿藻之子)之约携妻女赴法国巴黎。李石曾在巴黎学习生物,专门研究大豆,在他的倡议下,齐竺山办起了巴黎豆腐公司,把中国人喜欢吃的高营养的豆腐、豆浆传播到了欧洲。李石曾与进步人士张静江、吴稚晖等在巴黎开创世界社、世界报,勤工俭学,鼓吹革命。齐竺山热情帮助勤工俭学的学生,每有学生到巴黎,总会到巴黎火车北站去接,然后安排他们住宿。豆腐豆浆好吃不贵,营养丰富,老少皆宜,逐步被吃惯了西餐、喝惯了牛奶的欧洲人接受、喜欢。巴黎豆腐公司生意十分兴隆,由于盈利丰厚,齐竺山将部分利润抽回国内,委托韩辅臣经理,在北京开办"大同号"、"和益局"两家粮店,在河北省束鹿县开办"恒聚隆"粮店,主要从事制粉及粮食加工等批发零售业务。

　　1914年齐竺山回国,芒种时节与韩辅臣赴河南安阳考察。河南盛

产小麦，安阳属华北大平原，地势平坦、土地肥沃、气候适宜、水利条件好。麦收时期，金黄色的麦浪像海洋一样，这大丰收的景象深深地吸引了他。回京后韩辅臣提出了自己的想法："安阳盛产小麦，京汉铁路经过安阳，交通十分方便，距北京又近，如果在安阳办一家磨粉厂，日后必有前途。"齐竺山同意韩的观点，并派韩二次去安阳详细了解。

顾不上好好休息的韩辅臣匆匆带上几件衣服，二次来到安阳。他每天早出晚归，逢人就问，对当地的自然环境，气候条件，土质水源等，凡是和种植小麦有关的情况，都了解得一清二楚。安阳小麦堪称国内一流，粒大皮薄，磨出面来颜色白，面筋质高，包饺子不破皮，擀面条不断条，蒸馒头发大个。韩辅臣认定，安阳就是一块种小麦的风水宝地，在这建个面粉厂，就地取材，无疑是栽了一棵摇钱树。韩辅臣做了3个月的调查，写了上百页的资料，这增加了齐竺山的信心，下决心在安阳开办面粉厂。他立即组织人员从原有的三家粮店抽出2万元资金，在安阳火车站西侧征购15亩地，从法国进口了三部大型石磙磨机，购置了1台锅炉、1台引擎，又从北京磨粉厂中抽调了十余名经验丰富、操作熟练的工人，经过了一年的时间，一座二层小楼，日产面粉300袋安阳的第一家机械化磨粉厂终于建成了。取名时一些有学问的人，起了一大堆象征日后"财源茂盛"、"生意兴隆"之类的名字，齐竺山都不喜欢。他想，面粉厂的资金是从三家粮店抽上来的，就取三家粮店名字的第一个字，为面粉厂的名称，这就是"大同号"的"大"、"和益局"的"和"、"恒聚隆"的"恒"，取名为"大和恒面粉厂"。与此同时，又在北京前门外西柳树井26号建立了"大和恒面粉分销处"，销售河南安阳的面粉。"大和恒面粉分销处"就是日后红遍北平四九城"大和恒粮行"的前身。

三、韩辅臣的传奇故事

齐竺山虽然是董事长,但经营上的事儿主要听经理韩辅臣的,每年除去两次董事会做出重大决策外,平时对粮店的事儿很少说长道短。话说韩辅臣几辈经营粮食,擅长粮食加工,1900年他去山西谋生时,还有一段不寻常的经历呢。

光绪庚子年间(1900年)八国联军入侵北京时,慈禧太后带着一千余人仓皇逃往西安。途经山西大同时的一天她饿极了,饥饿难忍、疲惫不堪,叫人去找吃的。太监到处搜寻,当地一姓韩的农民,献上热腾腾的窝头,慈禧几口便把窝头吃完了,并连声说好吃,她问这是什么面的窝头,农民答"栗子面的窝头"。

慈禧从西安回到北京,有一天又想起窝窝头,就让御膳房给她做栗子面窝头吃,御厨不敢违命,便把栗子晒干,磨面,费了九牛二虎之力,谁知栗子面根本蒸不成窝头。急得御厨嘴上都起了泡。后来御厨把玉米面用细箩筛过,加上白糖、桂花做成窝头,慈禧吃后也不满意。

还是大太监李莲英有办法,他命人带上重礼,骑快马,赶奔山西大同向当地献窝头的农民讨教。

山西老农见朝廷来人不敢不说,便一五一十地说出了其中的奥秘,来人听后如梦方醒。原来这"栗子面的窝头"一点栗子也没有,它是用糜子米、黄豆按比例加工而成的,从选料到出面要经过十三道工序,全部是手工操作,靠的是一台碾子,一盘磨,一个筛子,一个箩。由于选料讲究,配方独特,加工精细,用这种面蒸出来的窝头"微黄鲜亮,松暄爽利,不黏不散,有如栗子的香味",故而叫"栗子面的窝头"。

御膳房按配方如法炮制,于是蒸出来的窝头满屋子都是栗子香味,慈禧吃了龙颜大悦,吩咐对献配方者,赏白银、彩缎。从此"栗子面的窝头"就变成了一道宫廷小吃。您知道这献出配方的韩姓农民是谁吗?他就是韩辅臣。几经变化,后来韩辅臣当了大和恒粮行的第一任经理,也是大和恒米面传统手工加工技艺的创始人。

韩辅臣在大和恒掌门十年,为大和恒立下了汗马功劳,令他没想到的是,他的栗子面窝头竟成了宫廷小吃。更令他没想到的是,他研制出来的"小米面"和"三条腿玉米面",至今仍深受人们的喜爱。他创建的"大和恒米面传统手工加工技艺"一百年后,竟入选了北京市西城区非物质文化遗产名录,成为粮食加工行业的一枝奇葩。

京华老号 大和恒

四、头顶"福、禄、寿"三颗星

提起大和恒的老掌柜韩辅臣,在当时的粮行中可以说是无人不知,无人不晓。韩辅臣四方大脸,浓眉下一双大眼炯炯有神,自1915年至1925年在大和恒掌门10年,为大和恒日后发展奠定了坚实的基础。

韩辅臣出生于1870年,祖籍山东,出身粮食世家,懂经营,善管理,办店有方。对外,他把顾客奉为上帝,以德经商,讲的是"货真价实,准斤足两,童叟无欺",因此赢得了大批回头客。对内,不论是伙计还是学徒,韩辅臣对他们既要求严格,又关爱有加。大和恒收的学徒大都是山东乡村来的十五六岁身强力壮的孩子,学徒期限是二年,比一般店铺三年零一节要少。学徒在学徒期间,吃饭、住宿粮店都管,衣服、被褥由学徒家里自备。没有工钱,每月只给一些零钱,买双袜子。伙计每月工钱七八元钱,年底结账时每个人可得到六七十元甚至百元的"馈送"。在伙食方面,大和恒粮行对伙计和学徒很宽厚,每天三顿饭准有一顿白面,初一、十五吃犒劳,猪肉炖粉条,伙计们甚至还

可以喝一点酒。

大和恒的伙计、学徒劳动强度大，活儿累，每天干的都是笨重的打粮食包，打粮斗，赶牲口磨面。每天晚上韩辅臣要求员工不得随意外出，而是由他带领大伙练毛笔字，打算盘。练字并非"严、柳、欧、赵"，多是高粱、玉米等粮食品名或元角分毫等记账用字用语；打算盘则是"16875"相加，不打够1千遍不能睡觉。告诉大家这是让你们长能耐，长本事，日后有饭吃。严师出高徒，大和恒的伙计外出要账，算盘打得快，字写得好看，得益于老掌柜的栽培。

最让员工难忘的还是老掌柜的第一课"福、禄、寿"。韩辅臣以德经商，非常注重员工的道德教育，凡来大和恒的伙计、学徒，一进店老掌柜就要讲秤杆的故事，讲秤杆上十六颗星星的来源（当年16两为一斤）。他说："北斗7颗星，南斗6颗星，加起来是13颗星，还缺3颗星。这三颗星就是'福、禄、寿'。你给顾客称粮食，少给一两将来就要缺福，少给二两就要少禄，少给三两就会损寿。做买卖不能挣昧心的钱，给小分量坑害百姓的事不能办。"韩辅臣还编了一首《秤杆歌》让伙计们传唱。

歌词如下：

《秤杆歌》

小小秤杆握手里，

称粮称豆称黍米，

秤平斗满心树正，

缺斤短两损天理。

少给顾客一两米，

神佛暗中看着你；

少给顾客二两米，

缺福少禄找上你；

少给顾客三两米，

折寿三年害自己。

准斤足两招来客，

生意兴隆人欢喜。

韩辅臣受齐氏兄弟影响，崇尚儒家思想，讲"人、义、礼、智、信"，以德经商传为佳话。

五、千人排队大和恒

大和恒从建店之初就确立了"品质优良、货真价实、准斤足两、童叟无欺"的店规,坚持产地进货,加工精细,薄利多销的经营之道。那时的粮商弄虚作假,以次充好居多。而大和恒的粮食不但质量上乘,且价格合理,绝无掺糠使水之事。当年,不少老百姓舍近求远,家门口的粮店不去,绕着道跑大和恒买粮,大和恒门前车水马龙,顾客盈门,他家的粮食不卖完,周围的粮店甭想开张。所以经常是一大早,大和恒门前就是一字长蛇阵,队头望不见队尾。排队购粮者有时达千人之多。

民俗专家胡金兆先生的《见闻北京七十年琐记》一书中,谈到大和恒时有这样一段描述:"西珠市口给孤寺原被烧的第一舞台东隔壁,有个大和恒粮店,是清末同文馆出身留学德国,后来全力扶持梅兰芳的齐如山先生开的,它卖的小米面、棒子面要比一般商家的好,价钱稍高一点,好吃。这时,大和恒门前天天排起长龙没个完。后来他们

的货供应不上了,人们就又到别处去排。我常是排队买粮者,人多但秩序不乱,用粉笔在衣服上写号,按着号买。"日伪时期,物价飞涨民不聊生,老百姓只能以混合面(一种以多种粮食的囤底子,发了霉的麸子、糠、草根、树皮为原料,加入少量玉米面混合成的食物)充饥。当时社会上流传着一句话,"买混合面也要买大和恒的",因为大和恒的混合面掺的粮食多。大和恒以德经商不仅赢得了百姓赞誉,也带来了大批的回头客。

当年,大和恒经营的面粉,自然是从河南安阳大和恒面粉厂直接调入的"狮子"牌面粉。安阳的小麦好,再加上进口设备,"狮子牌"面粉堪称国内一流。上世纪20年代,国内品牌面粉中就有"南有兵船,北有狮子"之说("兵船"指江苏无锡面粉厂生产的"兵船"牌面粉)。"狮子"牌面粉分三个等级,分别挂绿牌、红牌、蓝牌,挂绿牌的为一等面粉,挂红牌的为二等面粉,挂蓝牌的为三等面粉。三等面粉在当地销售,一、二等面粉销往北京,只要一到货,大和恒门前就会排起长队,很快抢购一空。

大和恒卖的大米也讲究,除有名的京西"清水稻"、房山"白玉堂"外,还派人专门从天津采购"小站稻"。天津小站稻大米,白中带青,油光发亮,黏香适口,回味甘醇,很受人们的喜爱。当然最受欢迎的还是京西稻紫金箍大米,晶莹剔透,洁白如玉,蒸出饭来有油性,有黏性,有嚼劲,圆润爽滑,香甜适口,这些都是当时的顶级品种。

大和恒以经营杂粮著称,所售杂粮,产地进货,集中了全国名、特、优品种。如山西沁州黄小米、河北张家口的莜面、宣化的鹦哥绿(明绿豆)、天津的红珍珠(红小豆)、云南的大白芸豆、西北的大白豌豆、东北的高粱米,应有尽有。其中云南产的大白芸豆和西北产的大白豌豆,

是仿膳宫廷小吃芸豆卷、豌豆黄不可或缺的原料。而京华老号"柳泉居"的豆包，糗豆馅的红小豆，多年来只用天津产的红珍珠。

采购粮食是个辛苦活，每年霜降一过，韩辅臣便选派有经验的伙计，奔赴全国各地。采购粮食的伙计，太年轻了不行，岁数太大了也不行。不仅要熟悉各种粮食的性能，一闻，一看，一摸，一尝就能断个八九不离十，不能打眼，一打眼就会买到"假货"，凭的就是经验。还要掌握行情，了解市场，货比三家，价格适当。那时候交通不发达，伙计们全凭两条腿，爬山涉水，风餐露宿是常有的事。一去就是两三个月，直到把该买的粮食装上了火车，自己才算是松了一口气。

山西的沁州黄小米，历史悠久，雄居我国的四大名米之首。1915年巴拿马太平洋万国博览会上一举夺得金奖。纯正的沁州黄小米，粒粒饱满，颜色金黄，用它熬的粥，黏度大，香味浓，营养丰富，令人喝了还想再喝。然而山西沁县只有檀山岭前的几个村子，依仗深褐色的黏性土，充足的日照和得天独厚的自然环境，这里的沁州黄小米，才谷香味浓，但产量有限，其他地方的沁州黄小米，品质会大打折扣。大和恒凭借产地进货的优势，深入田间地头，伙计们每年总能把纯正的沁州黄运到北京。

由于大和恒的粮食质量好，品种全，斤两足，价格合理，货真价实，开业后很快受到百姓赞誉，几年的时间北京四九城已是有口皆碑。

六、"小米面"和"三条腿玉米面"

旧社会,窝头是老百姓的本命食。"小米面"和"三条腿玉米面"都是老北京窝头面,是大和恒的招牌产品。其实叫"小米面"名不副实,因为它里面一点小米都没有;"三条腿玉米面"怪怪的名字,玉米面怎么还长了腿?

大和恒"小米面"和"三条腿玉米面"的创始人是大和恒的老掌柜韩辅臣,他凭借石碾、石磨传统工艺和前店后厂、现制现售、自产自销的加工方式,生产的"小米面"和"三条腿玉米面"品质纯正,口感细腻,颜色鲜亮,受到老百姓的喜爱。当时北京有上千家粮店,大家唯独爱吃大和恒的"小米面"和"三条腿玉米面"。

所谓"小米面"就是用糜子米、黄豆按一定比例加工而成的上等窝头面。没有小米为什么叫"小米面"呢?因为糜子米和小米的形状

差不多，糜子米粒大小米粒小，不少人不认识糜子米，误以为是小米，"小米面"的名字就传开了。"小米面"好吃，蒸出来的窝头有栗子的香味，所以又有人称之为"栗子面"。"小米面"的诞生，迎合了当时达官贵人、名门显赫和社会名流的需要。这些人白面、大米吃腻了，想换换口味，就到大和恒去买"小米面"，蒸顿窝头吃。

"小米面"虽好，价钱贵。当时1斤白面两毛钱，1斤"小米面"也要一毛八九，比白面便宜不了多少，穷人吃不起。北京南城穷人多，于是韩辅臣又在"小米面"的基础上，加入白玉米，研制出来"三条腿玉米面"。所谓"三条腿玉米面"，其实就是用白玉米、糜子米、黄豆三种原料，加工而成的优质窝头面。当年卖苦力拉洋车、蹬三轮的平民百姓，平时只吃棒子面（玉米面）窝头，有时挣钱多一点，也想改善生活，就绕着弯地跑到大和恒来买"杂合面"，也就是"三条腿玉米面"。蒸出的窝头又好吃，价钱还比"小米面"便宜。

大和恒"小米面"、"三条腿玉米面"之所以好吃，关键就在于："选料讲究，加工精细，配方独特"。

大和恒在原料的采购上讲究，不将就。大和恒"小米面"、"三条腿玉米面"的主要原料是糜子米、白玉米、黄豆。糜子在我国有六千年的种植历史，《黄帝内经》称糜子为"百谷之长"。河北省张家口地处高寒地带，昼夜温差大，非常适合糜子生长，那里的糜子籽粒饱满，颜色金黄，当年大和恒糜子原料非它莫属。大和恒选用玉米有三不用的原则：不是当年的玉米不用，不是腹地玉米不用，不是白玉米不用。当年的玉米香，腹地玉米是指山海关以内，北京郊区及周边河北各县，关内玉米生长期长，日照充足，籽粒饱满，品质优良。白玉米口感细腻，营养丰富，比黄玉米好吃。当年大和恒用的白玉米

京华老号

大和恒

是通州张家湾马驹桥的优良品种"白马牙",几十年不变。黄豆是这两个特色产品的主要原料,更不容马虎。东北大豆虽好,脂肪含量高,适合榨油。大和恒选用河北黄豆,籽粒金黄饱满,蛋白质含量丰富,适合做食品。

俗话说三分料七分工,有好原料仅仅是第一步,好的产品,要靠好的工艺,精工细做。大和恒"小米面"、"三条腿玉米面"从选料、配料开始要经除杂、过筛、碾米、克皮、磨面、过箩等13道工序,靠的就是一台碾子,一盘磨,一个筛子,一个箩,全部是手工操作,传统石磨工艺。单说过箩就要过三遍,最后一遍要经过60目的细箩,磨出的面比富强粉还细,吃时才会感到口感细腻。为了保证原料新鲜,要储存带壳的原粮糜子,糜子米随用随加工,加工出来的糜子米必须在20天内用完。过了20天再好的糜子米也只能当饲料卖,决不再磨面。

当然,最关键的还是小米面的栗子香味是怎么出来的?老掌柜韩辅臣在多年实践中发现,单独磨糜子米,只是糜子的香味;单独磨黄豆只是黄豆的香味;如果把糜子和黄豆经过前期处理,合理比例,混在一起加工,产生的香味,既不是糜子的香味,也不是黄豆的香味,而是一种复合型的香味,这便是栗子的香味。

功夫不负有心人。上等的原料、精细的加工,再加上冬夏有别的秘制配方,大和恒加工出来的"小米面"和"三条腿玉米面"能不好吃吗!

自1915年至1925年,韩辅臣在大和恒掌门10年,他把这两个产品的加工技艺传授给儿子韩星久,自此告老还乡。韩星久是大和恒"小米面"、"三条腿玉米面"第二代传人,也是大和恒第二任经理。后来,韩星久在继承传统的基础上不断改进,从而使"小米面"和"三条腿

玉米面"发展到了大红大紫时期。到上个世纪40年代,"小米面"和"三条腿玉米面"已成了大和恒的代名词,北平四九城家喻户晓,妇孺皆知。

北京是六朝古都,有3000余年的建城史,800多年的建都史,也积淀了丰厚的文化内涵。北京人讲究吃,一日三餐自然离不开粮食,北京这座古老的城市在它悠悠的岁月中孕育了丰富的粮食文化,可以说"小米面"和"三条腿玉米面"的诞生,就是灿烂的北京粮食文化中的一枝奇葩。

京华老号

大和恒

七、吃烤肉就窝头——奴欺主

旧社会老北京有句歇后语"吃烤肉就窝头——奴欺主",现在知道的人不多了。您知道这句话的来历吗?

烤肉是北京人的传统美食,流传至今已有几百年的历史了。北京人天凉了讲究吃羊肉,除了闻名的铜锅涮肉,另外一种传统吃法就是炙子烤肉。也就是把事先腌制好的肉配上大葱、洋葱、香菜,经炭火烤制,香酥嫩滑,鲜香浓烈,唇齿留香,回味悠长。吃烤肉主食吃什么?一般都吃烧饼,烤肉是"主",烧饼是"奴"。但有一部分人不吃烧饼,专门吃大和恒"小米面"的窝头。"小米面"的窝头,入口绵甜,清香四溢,比烤肉还香,您说这不是以奴欺主吗!

八、历经沧桑四十年

韩辅臣告老后,由其子韩星久继任总经理。韩星久不负众望,把"大和恒"推向了鼎盛时期。从韩星久接任经理,到1949年北平解放,这期间经历了卢沟桥事变,1945年日本投降等国内局势动荡阶段,许多店铺的生意受到影响,大和恒却因为能把握市场行情,反而赚了几大笔钱。

1937年卢沟桥事变后,华北地区由于政局不稳,物价时涨时落,如果把握不住行情,甭说赚钱,恐怕连老本都得搭进去。韩星久特别注意市场预测,他每天早上派专人到四面钟(南市)、朝阳门(东市)、西直门(西市)及天坛等粮食市场了解行情,观察市场动态。由于及时了解市场行情,对市场走势预测得准,又能在粮食价格降至最低时果断买进,在粮食涨至最高时及时卖出,并保持一定库存,因而赚了大钱。

1945年日本投降前夕，物资严重匮乏，物价高涨，一般粮店认为粮价还会上扬，因而惜售。韩星久认定日本投降后物价不久将要大落，于是抓住机会敞开销售。果然日本投降后不久，物价猛然下降，大和恒不但没受损失，反而赚了一笔。

国内战争爆发后，韩星久经过分析，认为物价又会大涨，于是大和恒趁物价低时，大量购进粮食。1948年解放军围城阶段，物价一日三涨，粮食奇缺，不少粮店无粮可卖，大和恒这时抛出了自己的存货，既维持了市场供应，又赚到了钱。

新中国成立初期，北京同全国一样，经济萧条，百废待兴。当时全市200多万人口，吃粮主要靠外地贩运。由于连年战乱，粮价一日三涨，很多市民家中经常断炊。1949年1月31日，北平和平解放，解放军入城后，第一件事就是从外地紧急调运60多万斤粮食，以解燃眉之急。此时一些不法粮商看有机可乘，套购国家粮食，囤积居奇，哄抬粮价，扰乱粮食市场。他们一面做花账，利用其联号假买假卖，开空头支票等手段套取政府的加工粮，一面挂出"今日无米"的告牌，欺骗百姓。人民政府毅然决然镇压了"粮老虎"王振庭、田雨川等一批不法粮商，没收了其非法经营的长顺面粉厂、万裕厚面粉厂及永盛德、永盛福、永盛厚等粮店，维持了粮食市场秩序。这一阶段，在政府"公私兼顾，全面安排"，鼓励私营粮商合法经营的政策下，大和恒粮行不仅遵纪守法，改善经营，照章纳税，还接受了政府委托加工玉米面等杂粮的任务，于是粮行门前又出现了往日繁忙的景象。1949年8月9日，韩星久作为商界代表，参加了由彭真同志主持，在中山公园中山堂召开的北平市各界代表会议（就是中国人民政治协商会议北京市委员会的前身），并且在会议上荣幸地见到了伟大领袖毛主席。

1953年全国进入大规模的经济建设时期，北京城市人口增加和工业发展对粮食的需要日益增大，粮食生产赶不上消费增长的需求矛盾日渐突出。虽然1949年人民政府镇压了一批"粮老虎"，现在一些不法粮贩见有机可乘，又兴风作浪，加剧了粮食供求紧张状况，粮食形势十分严峻。

1953年10月10日，中央在北京召开了全国粮食工作会议，10月16日，中央公布了《关于实行粮食计划收购和计划销售的决议》。北京市政府遵照这一决议，结合北京粮食供不应求的实际情况，决定从1953年11月1日起凭"面粉购买证"供应面粉。至此，北京市拉开了长达40年的粮食统购统销的序幕。

到1954年，北京市对大米、粗粮也陆续实行了计划供应。由于粮食统购统销，实行粮票，计划调拨，政策性强，北京一千多家粮店无一例外地变成了青一色的国营粮店，大和恒就此歇业。至此，经营了四十年的大和恒带着遗憾在人们的视野中消失了。

第二章
盛世再现

京华老号 大和恒

一、学 艺

1962年，我从北京政治学校毕业后，参加工作被分配到粮食部门。这一年三年自然灾害刚过，物资匮乏，市场萧条，买什么东西都要凭票凭证。粮店里卖的东西更是少得可怜，居民一日三餐能买到的只有白面、大米、棒子面，我们叫它"两白一黄老三样"。以往老百姓喜欢的莜面、荞面、小米、绿豆等五谷杂粮根本见不到，大和恒的"小米面"和"三条腿玉米面"从那个时候起几乎绝迹了。

我被分配到宣武杂粮加工厂，大家都习惯叫它宣武碾坊。学习粮食加工，正是这一时期我认识了我的老师任增玉。任增玉是大和恒米面加工技艺第三代传承人，师承韩星久，他使我终生受益匪浅。1954年粮食统购统销大和恒歇业后，人员并入国营粮店，他有杂粮加工的技术，被安置到宣武碾坊，继续从事粮食加工业务。

京华老号 大和恒

任增玉老师，12岁入大和恒学徒，一干就是40年，称得上是老"粮虫儿"。粮行的五大环节"购、销、调、存、加"他无一不晓，无一不精。他练就了一双火眼金睛，大米、小米、玉米、大豆不管什么粮食，他一摸、一看、一掂、一尝，新粮、陈粮？水分多大？产自何处？师傅都能说得清清楚楚，一点儿不错。任增玉老师使筛子、簸箕更是一绝。那个年月新收上的粮食含有很多杂质，像草籽、秸秆、泥土、砂石、砖瓦块等，这些杂质如不清除，不仅不能加工，还会使粮食发热霉变。师傅凭着一双手把粮食整理得干干净净，不仅杂质分离出去，还把大粒粮、小粒粮、干瘪粮分离出来。我学着师傅的样子去做，谁知如牛负重，筛子、簸箕根本不听使唤，粮食中的杂质筛也筛不出去，簸也簸不出去，费了九牛二虎之力，草籽、砂石还在里边。师傅对我说："不要小看这筛子、簸箕，使好了可不容易，这不仅是力气活，更是技巧活，不能性急，要耐心学。"师傅虽文化不高，但办事认真，待人诚恳，从不保守，跟这样人一块学习我暗自高兴。

师傅虽然身怀绝技，但无用武之地。那个年代，吃棒子面能填饱肚皮就不错了，吃小米面、三条腿玉米面连想都不敢想。到1964年，农业丰收经济开始好转，机会来了。北京有一家特供单位，因坐落在东华门34号，人们都习惯称呼："34号"，经市政府批准他们按计划每月向粮食局要"小米面"和"三条腿玉米面"各一千斤，市粮食局把加工任务分配到宣武碾坊，师傅和我听了喜出望外。领了任务师傅开始忙活起来，从采购原料到筹办设备、生产加工，按照传统工艺要求，中规中矩、一丝不苟。单说这糜子，他就一连跑了三趟张家口，才找到正宗的糜子米。真是功夫不负有心人，他加工出来的"小米面"和"三条腿玉米面"依旧原汁原味，多次受到上级领导的好评。

自此，我有了系统学习大和恒米面传统手工加工工艺的机会，从选料、配料开始，到加工出成品的十三道工序，师傅手把手地交，我也认认真真地学。师傅见我学得入神，脸上常常露出了满意的微笑。我们在一起的时候，总觉得时间过得太快，那年月日子过得虽然清贫，但大家相互关照，其乐融融。休息的时候，师傅便给我讲有关大和恒的往事，这些都是我以前闻所未闻的。谁知好景不长，十年浩劫开始了，红卫兵说吃小米面和三条腿玉米面是资产阶级享乐主义，加工停止了。不久，师傅提前退休回了老家山东。临走之前的一天，师傅把我叫到跟前语重心长地说："大和恒米面加工技艺，经过几代人的努力，有独到之处，大和恒的小米面和三条腿玉米面老百姓爱吃，我相信日后必有出头之日。你学得差不多了，不要让这门技术在你手上失传啊！"师傅虽然文化程度不高，但说出话来，顺情在理。我从他身上不仅学习了技术，还学习了不少做人的道理。我和师傅洒泪分别，但他的话经常在我耳边响起。

几十年过去了，粮食行业发生了翻天覆地的变化，但什么时候让小米面和三条腿玉米面重返百姓餐桌，让大和恒传统米面加工技艺传下去，我始终牢记在心。

京华老号 大和恒

二、老部长的心愿

2011年3月30日，风和日丽，春意盎然。已是耄耋之年的商业部原部长胡平同志，一大早就来到了位于西城区粉房琉璃街的"大和恒粮行"。年过八旬的老部长为什么对一个名不见经传的小粮店那么感兴趣呢？这话还得从2006年说起。

2006年夏季的一天，时任北京老字号协会常务副会长刘满来先生，向商业部原部长胡平汇报工作，当说到北京老字号的状况时，老部长深有感触，语重心长地说："老字号是中华民族的瑰宝，北京市恢复老字号的工作做得不错，饭馆不少，茶叶店也不少，做鞋做帽子的都有，唯独粮食行业没有，粮食关系国计民生，研究一下，能否恢复一些老粮店。"

刘满来同志把老部长的话听在耳里，记在心上，并把这件事告诉了北京市粮食局老局长张正义。张正义一听高兴地说："好哇！咱们想到一块去了，我们有'大和恒'啊！"于是一个恢复大和恒的计划开始了。

恢复老字号说来简单,做起来可不是一件容易的事。如今的粮店纷纷转型,米面粮油归到超市去卖,恢复老粮店有点逆潮流而动,有人愿意干吗?即使有人愿意干,资金谁出?场地去哪儿找?人员又怎么组织?这些都是问题。老局长把筹备大和恒的事交给了我,并且说:"你刚退下来,正好干这个,困难当然不少,但恢复大和恒,于社会有利于人民有利,办成了功德无量。"在老局长的劝说下我接受了。

说来也巧,一个偶然的机会我认识了原来同事的儿子黄春啟。黄春啟先生四十出头,精明强干、年富力强,父母兄长都是搞粮食的,如今事业有成,愿意出资恢复大和恒。钱找到了,紧接着就是场地,卖粮食赚不了大钱,租金高了不行,人气不旺也不行。经过近半年的时间,终于在原宣武区的陶然北岸小区底商,选中了一处。楼上楼下两层,近300平方米,年租金18万元,这在当时来说恐怕找不到再便宜的了。

京华老号 大和恒

现在是万事俱备只欠东风了,谁来经营,董事长自然是出资人黄春啟先生,总经理由谁出任,说心里话我不想干,岁数大了,该回家享享清福了。此时张正义老局长又说话了:"你和粮店打了几十年的交道,又是大和恒米面加工技艺第四代传承人,总经理一职,非你莫属。"拗不过老领导,我就这样被推上了总经理的岗位。

2008年7月22日大和恒重张开业了,这是迄今为止北京市恢复的第一家老字号粮店。作为大和恒旗舰店的新址,坐落在西城区粉房琉璃街160-10号,门前的一对石碾、石磨,似乎散发着五谷杂粮的清香,给人以返璞归真、回归大自然的感觉。宽敞的售粮大厅,摆放着五光十色、琳琅满目的各类包装、散装粮油食品。一进门是一个老式的米柜,大厅正面悬挂着"百年老店,诚信为本"的匾额。大厅四周展放着的各种类型的木斗和各个不同历史时期的粮票，似乎在诉说着粮食发展的历史。

重张开业的大和恒，秉承"货真价实、童叟无欺"的宗旨，恢复生产了"小米面"、"三条腿玉米面"等名牌产品，集中了全国各地出产的名、优、特、新粮油品种；购置了石磨，恢复了前店后厂，现场加工各种杂粮。并引进韩国鲜米机设备，现制现售新鲜、营养的糙米和胚芽米。为方便百姓生活，大和恒新添了主食厨房，能生产30多种熟食品和粮食复制品，使老字号重放异彩。

在老会长刘满来同志的邀请下，胡平同志如约来到大和恒。听说老部长要来，原北京粮食局局长张正义，原党委书记王子美，北京老字号协会高京力、张青等早早等候在粮店门前。老部长一到粮店就和买粮的老百姓攀谈起来，问大家这儿的粮食质量好不好，买粮方不方便，群众都一一做了回答，看到群众满意的笑脸，老部长放心了。老部长饶有兴趣地察看了杂粮区，看到五光十色、琳琅满目的各种杂粮，怎么吃？怎么做？老部长问得非常仔细，我认真做了汇报。

大和恒以经营杂粮著称，现有杂粮多达100多个品种，比一般的农贸市场、超市要多2~3倍。绿豆不仅有明绿豆，还有毛绿豆；黄豆不仅有东北产的黄豆，还有河北、内蒙古的黄豆；光是小米就有五六个品种，享誉全国的"沁州黄"、"东方亮"、"桃花米"、"小香米"等四大名米都有。此外，还为藏族同胞准备了他们喜欢的青稞，这在京城恐怕不多见。这儿还有石磨，您自带粮食或在这买的粮食，都可以给您加工，收取一定的加工费。

在那天的座谈会上，董事长黄春啟向老部长汇报了粮店的经营情况，他说："自开业以来，粮店经营品种由100多种增加到300多种，

日营业额由1000多元,增加到4000多元,营业网点由1家扩大到5家,非常受老百姓的欢迎,尤其是老年人赞不绝口。目前来店购买'小米面'、'三条腿玉米面'和各种杂粮的顾客,不仅有东城、西城、丰台、石景山等城区的,大兴、房山、通州、昌平等远郊区县的也纷纷来店光顾。产品还远销到广东、福建、辽宁、内蒙古等地。大和恒从一开业就受到新闻媒体的关注。两年来,北京电台、北京电视台、北京晚报、法制晚报、中国食品报、中国商报以及千龙网等多家新闻媒体,热情报道了大和恒重张开业和'小米面'、'三条腿玉米面'重新问世的消息。"

　　听了汇报,老部长非常满意,指示:"要注意提高粮食经济的科技含量,注重粮食文化,玉米、小麦都是国外引进的,杂粮大部分是我们老祖宗留下来的,大和恒'小米面'、'三条腿玉米面'有上百年的历史,有很好的养生保健作用,它是中华民族的瑰宝,要挖掘它的文化内涵,反映它的文化价值,要发挥老字号的优良传统,让老百姓满意,吃上放心的米面粮油。"最后胡平部长为大和恒题词:"京城粮食第一家"、"大和恒走向大中华"、"杂粮万岁",并与大和恒领导合影留念。

三、"吃大和恒的粮食，放心"

"诚信"是老字号的灵魂，重张开业后的大和恒首先想到的就是全力打造诚信品牌，取信于民。

大和恒恢复后在诚信经营上主要做了三件事。

（一）拓展上游产业链，保质保真

随着市场对质量的要求越来越严格，企业自身规模不断扩张，开拓上游产业链，控制生产资料来源就显得越来越重要了。

大和恒秉承货真价实的老传统，其经营的主要品种如五常稻花香大米、梅河口秋田小町大米、山西沁州黄小米、赤峰的糜子米、河北遵化的白玉米等都是从产地直接采购。实行订单农业，合同订货，专库保管，定点加工，全程都有专人监督，确保品种质量，真实可靠。每年秋收时节，大和恒都会由一名副总经理带队，选派有经验的采购员，

深入产地田间地头,把差不多一年用的粮食买到手。这样虽然占压了资金,加大了成本,但所售粮食的品质却有了保证,心里踏实。

目前,大和恒已在黑龙江五常、辽宁彰武、河北遵化、山西沁县、内蒙古赤峰建立了五大杂粮基地,从产地直接购进的粮油达到经营量的50%。"品质是天",大和恒开拓上游产业链借助产地进货的优势,成功渡过了粮食危机的考验。

(二)建立杂粮加工厂,精挑细选

大和恒的杂粮品质好,除坚持产地进货外,在粮食的整理上也下了一番苦功夫。粮行从一开业就投资50多万元建立了杂粮加工厂,购置了去皮机、粉碎机、去石机、粮食清理机等设备。凡是入库的粮食大到大白芸豆,小到小米,一律都要经过机械除杂和人工挑选才能送到店里销售。凡采购的粮食都要通过粮食清理机、去石机,过风过筛除杂后,再经人工挑选,保证售出的粮食粒粒饱满、大小均匀、色泽鲜艳、质量上乘。粮行杂粮的销售占整个粮食销量的30%以上,深受顾客好评。

(三)前店后厂,现制现售,绝不掺假

大和恒粮食质量好,还有一个重要原因,就是前店后厂,现制现售,自产自销。各种面粮,如绿豆面、黄豆面、荞麦面等都是由大和恒自己加工的,从而保证了各种面粮的纯正。

粮食市场多年来有个潜规则,受利益驱动,绿豆面里掺杂豆面,黄豆面中掺豌豆面,莜麦面中掺淀粉,荞麦面里掺面粉,已是见怪不

怪的事。为了保证自己所售各种杂粮面的纯正，大和恒购置了钢磨和石磨各一台，做到凡所售面粮一律自己加工。有的顾客愿意买原粮或自带原粮现场加工，大和恒也有专人负责用石磨加工，每斤只收取1元钱的加工费，这不仅保证了质量，也大大方便了群众。

坚持粮食质量，最终还要靠制度建设，也就是说，要有明确的岗位责任制，一级抓一级，层层负责，出了问题及时查找，及时解决。粮店在经营中也有过失误，一次，一位家住在东四环小武基的顾客，慕名而来，买了5斤绿豆杂面。回去煮了2斤，一吃牙碜，很不满意给我打来电话。我要求粮店立即追查，发现群众反映情况属实，是一名新来的临时工，加工绿豆面事先没挑选，小沙粒混在里面，影响了质量。第二天一大早，我指派一名副总带上5斤重新加工的绿豆杂面，给这位顾客送到家中，并当面赔礼道歉。这样一来，这位顾客不仅没有了怨气，还高兴地说："没想到这点小事，你们这么重视，真不愧是老字号。"

诚信为大和恒带来了一大批回头客，眼下来大和恒买粮食的大部分是老顾客，不少人家门口的超市、商店不去，倒几次车，绕着道来大和恒买，冲的是什么，用老百姓的话说就是："吃大和恒的粮食放心！"几分耕耘，几分成果，大和恒传承老字号优良传统，努力规范企业行为，全力打造诚信品牌，取得了良好的社会效益和经济效益。2010年"大和恒粮行"荣获"北京市放心粮油销售示范店"称号；2011年又荣获"全国放心粮油销售示范店"称号；2012年"大和恒粮行"被北京市粮食局、北京市人力资源和社会保障局评为粮食行业市级先进单位。"民以食为天，食以安为先"。目前，粮食市场缺斤少两，以次充好等弄虚作假的现象还时有发生，甚至以"毒大米"、"地沟油"危害百姓健康。提倡老字号的诚信经营，让老百姓吃上放心的米、面、粮、油尤其显得重要。

四、老粮店里的"稻花香"

2010年,中央电视台对西安造假"稻花香五常大米"曝光后,全国都在打假造"稻花香"五常大米,如果有人站出来敢说,我卖的就是纯正的"稻花香",您敢信吗?

带着这个疑问,北京电视台记者,采访了北京大和恒粮油贸易有限公司董事长黄春啟先生。董事长说:"老字号靠的就是诚信,货真价实。大和恒卖的'稻花香'大米,从不掺假,绝对保真,如有造假,假一罚十。"董事长的话一字千金,掷地有声。

您可别认为黄董事长是在吹牛,他是这么说的,也是这么做的。早在2008年,大和恒就和黑龙江省五常市农户建立了供货关系,对五常水稻的几个优质品质"稻花香"、"639"、"长粒王",实行订单农业,专库保管,定点加工,每个环节都指派专人负责,这样做虽说加大了成本,但保证了产地进货、品种纯正、质量优良。功夫不负有心人,"稻花香"成了大和恒最畅销的大米品种之一,即使前段打假

最热的时候，销售也没受到太大影响。不少顾客都说："大和恒的稻花香5块多钱1斤，虽说贵了点，但大米好吃，值，老字号的东西吃着放心。"您看，这是对老字号的信任啊。

央视对西安造假"稻花香"五常大米曝光后，为了进一步了解五常大米的产销情况，识别真假"稻花香"，让老百姓吃上放心的五常大米，董事长和我一行四人立即奔赴

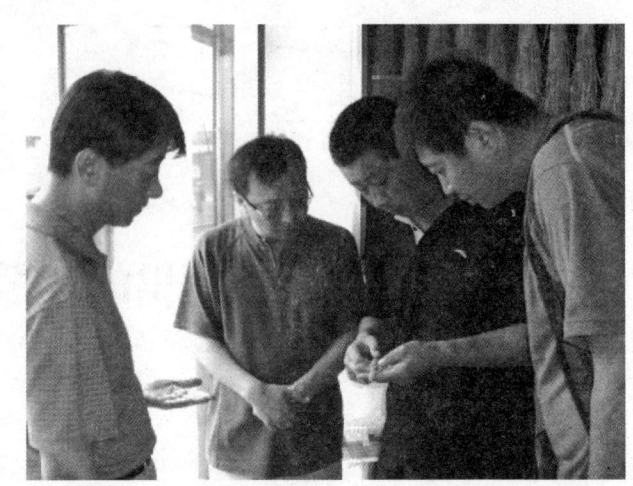

大和恒董事长黄春啟（左二）与大和恒董事郑健（左一）与五常水稻专家交流。

五常，进行了为期6天的考察了解，对库存稻谷、生产加工各环节逐一进行了检查，直到放心为止。考察期间受到了五常市委柳副书记的热情接待，与五常市农业局、市种子公司、金裕米业公司等部门和单位进行了座谈，通过专家和业内人士的介绍，对五常大米的产销情况及识别真假"稻花香"有了进一步的了解。

（一）好山好水好大米

五常市坐落在长白山张广才岭脚下，这里山青水碧、风景秀丽、景色怡人。以拉林河、牤牛河、溪浪河三大水系为主的大小河流297条，它们纵横交错，千回百转、奔流不息，浇灌着五常360万亩良田。所以，这里素有"水稻王国"、"中国优质大米之乡"的美誉。

从周边看，五常市在黑龙江省的最南部，距离哈尔滨120公里，

属于哈尔滨管辖的县级市，人口103万，面积7512平方公里，是全国最大的水稻田超百万亩的县级市之一。2009年全县粮食总量突破40亿斤，五常大米种植面积180万亩，其中稻花香品种120万亩。稻花香2号去年产13亿斤，够全国每人1斤（这与央视曝光的数字80万吨略少）。

五常大米颗粒饱满，质地坚硬，色泽清白透明；饭粒油亮，香味浓郁，素有"贡米"之称。五常从1835年开始种植水稻，距今已有170多年的历史。目前五常80万农民中，就有60万人种水稻，水稻是农民收入的主要来源，全市有200多家稻米加工企业。五常大米已取得"中国地理标志保护产品"、"农产品地理标志证明商标"和"中国名牌产品"三项桂冠。

由于假冒五常大米事件曝光，消费者担心市场上销售的大米无法辨认，所以近期销售受到一定影响。目前五常市正在开展全市范围的清查行动和产业登记，以确保消费者吃上放心的大米。

（二）五大因素造就了稻花香

细致分析，五常大米好吃，确实有特殊原因。

第一，水质好。水稻长得好，水质是最主要的因素之一。五常市内有3条主要的河流，分别是拉林河、牤牛河、溪浪河。水流穿全境、水系纵横。充沛的日照，天然河水灌溉，加上种植的成熟期长的优质晚熟品种水稻，是五常大米与众不同的特点。

第二，土质好。五常稻谷种植在极肥沃的黑土壤中，含有氮、磷、钾、锂、硒等矿物质，维生素氨基酸也远远高于其他稻米。由于开发晚，土壤中有机质含量多，有害物质残留量低。五常水稻在干物质形成过

程中积累了丰富的支链淀粉和可速溶解的双链蔗糖，煮成饭清淡略甜、绵软略黏、芳香可口。

第三，光照好。五常地处北纬44°－45°、东经126°－128°之间，黑龙江省南部，属于中温带大陆气候，无霜期140天，昼夜温差大，日照充足，年平均降水量608毫米，年日照2629小时，光照条件非常适合水稻生长。

第四，品种好。注重品种选优，五常人在长期生产实践中，注重科学研究，不断更新创优，培育新的品种。稻花香2号是1999年从"五优稻1号"优质水稻品种自然变异中选出，经几年试种，深受稻农欢迎，米质也超过"五优稻1号"，每年以10万亩以上速度增长。目前除保留的"稻花香2号"、"639"、"93—8"等品种外，还研发了"松粳6号"、"松粳12号"等新品种，不久将大面积种植推广。

第五，管理好。加强田间管理，确保大米品质。除得天独厚的地理条件和自然环境外，五常人总结了几百年的经验，种植水稻从育种、插秧、施肥、除草、防治病虫害都有一整套科学的管理办法，培育的稻米不仅好吃，产量也不断增长。

（三）一要打假二要辨真

五常大米好吃，稻花香2号则更胜一筹，位于"安家"、"民乐"两个乡种植的稻花香2号水稻则是名符其实的米中之王。

2009年五常水稻平均亩产1500市斤，而稻花香亩产只有1200市斤，所以稻花香大米价格贵也就不足为奇了。按稻花香2号水稻每斤2元，出米率52%计算，加上加工费、损耗，每斤稻花香2号大米当地出厂

价则在 4 元左右，经批发、零售环节，卖到消费者手里最少也得在 5.50 元—6.00 元之间，而每斤普通大米售价只有 2.50 元左右，这使得造假者有利可得，铤而走险。

目前五常大米还没有企业标准和理化指标。识别真假"稻花香"只能凭经验感官鉴定。西安米厂造假五常"稻花香"大米被"央视"曝光后，五常市委、市政府非常重视，现由市检监局、市工商局牵头，分两个小组，正在对水稻种植、大米加工、批发、零售等有关部门和企业进行检查，不久将会出台相关的大米的质量标准，加强监管，加大对制假售假的打击力度，净化大米市场。2011 年 9 月北京卫视《身边》栏目，请我去做节目，教大家识别真假"稻花香"大米。我把从五常学来的一看二闻三辨的方法做了介绍。

一看："稻花香"大米，米粒修长，色泽清白，成胶质半透明状。

二闻：抓一把米用双手搓，米粒上的氧化膜被搓掉，"稻花香"大米有淡淡的清香味，而且越搓香味越浓。

三辨：加了香精的假米，香味不自然，用手搓后香味就没了。

目前，五常大米打假的风波尚未结束，大和恒坚信，经过这次打假的洗礼，粮食市场会进一步净化，老百姓的维权意识会进一步提高，商家的职业道德也会进一步提升，"稻花香"会重新香飘万里，大和恒会沿着货真价实的道路坚定地走下去。

五、《大和恒米面加工技艺》入选《非遗》

2011年11月1日,对于大和恒人来说是个值得高兴的日子!"大和恒米面加工技艺"入选了北京市西城区区级非物质文化遗产名录,用这种传统工艺加工的断档了50多年的"小米面"、"三条腿玉米面",重新走上百姓餐桌。

"小米面"、"三条腿玉米面"曾是大和恒的招牌产品,2008年重张后的大和恒理所当然的是恢复老味道,把这两个产品原汁原味地奉献给老百姓。但是,一无原料,二无设备,重新生产并且叫老百姓点头,认可,也不是一件容易事。我是大和恒的总经理,又是"大和恒米面加工技艺"的第四代传承人,这时,我耳边似乎响起了老师临行前的一句话"不能让这门手艺在你这一代失了传"。我和董事长商议后,带领职工三下河北,两去内蒙古终于把原料凑齐了。然而时过境迁,马驹桥的"白马牙"玉米已绝迹,现在改用河北遵化产的"东陵白"玉米,质量不次于当年的"白马牙";选用的糜子,产地也由

张家口改为自然条件差不多的内蒙古赤峰市；黄豆选用河北三河一带的。原料选好后，又从山东章丘购进了石磨，于是按照传统工艺配方的"小米面"、"三条腿玉米面"又生产出来了。

产品出来后首先送给北京市食品协会老会长李士靖、小吃专家陈连生品尝鉴定。自己说好不算数，他们点头才行。提起"小米面"小吃专家陈连生还有一段亲身经历，直到今天，记忆犹新。1948年，十五岁的陈连生在一家饭馆学徒，这家饭馆就在大和恒粮行附近。年底解放军攻城，炮声隆隆，掌柜害怕，留下陈连生看店自己逃出了城外，临走前去大和恒买了50斤小米面又买了100斤大白菜。此后，陈连生上顿窝头熬白菜，下顿熬白菜窝头，连吃了一个月。1948年底，陈连生迎来了北平和平解放，大和恒的小米面也给陈连生留下了深刻的印象。

专家认可了，按照传统工艺，原汁原味的"小米面"、"三条腿玉米面"又重新问世了。如今，大和恒门庭若市，车水马龙，不少市民从四面八方赶到西城区粉房琉璃街，就为了一尝当年大和恒的味道，北京日报、北京晚报、北京电台、北京电视台、千龙网等多家新闻媒体，热情报导了大和恒重张开业和"小米面"、"三条腿玉米面"重新问世的消息。2009年7月4日，《北京晚报》载文："三条腿玉米面窝头，很特别的名字，热气腾腾的窝头还没上桌，浓郁的香气已扑鼻而入……怪不得当年慈禧太后吃了都大加赞赏呢！"住在西安的一位老北京人，看了电视节目后，迫不及待地给北京的亲戚打来电话，说几十年没吃到这东西了，嘱咐他亲戚立刻各买了10斤，快递到了西安。

为了保证产品质量，目前大和恒已在内蒙古赤峰、河北遵化、三河等地建立了基地，通过订单农业方式采购可靠的原料。并且抓住入

选"非遗"的重大契机,扩大销售网点,成立品牌保护小组,开办传承人培训班,使大和恒米面加工技艺这一传统技艺,不断传承,创新和发展。

京华老号 大和恒

六、从"小米面"到五色窝头

近百年来,"大和恒"历经沧桑,在继承中发展,在成长中创新。如今,"大和恒"已是北京老字号粮食企业中一颗璀璨的明珠。

产品创新是老企业发展的必经之路。继承是老字号的基础,是存在的前提,没有继承就没有老字号。但是,创新又是老字号生存的条件,没有创新就没有老字号的生存理由。如果老字号企业倚老卖老,固步自封,落后于时代的要求,就会缺乏市场竞争力,很难满足多元化的消费需求。从"小米面"到五色窝头大和恒迈出产品创新之路。"小米面"、"三条腿玉米面"都是蒸窝头上好的原料,是受百姓欢迎的优质产品,是"大和恒"的镇店之宝。重张开业的"大和恒"第一时间把这两个产品原汁原味地加以恢复,使之重新走上百姓餐桌。

但实践证明,随着社会的发展,人们的生活习惯也不断发展变化。"小米面"、"三条腿玉米面"虽好但不少年轻人不会蒸窝头,老年人虽然会蒸,但也想有更多的时间休息和娱乐。如能把生食变熟食,把"小米面"、"三条腿玉米面"蒸成窝头卖,这不仅方便了顾客,

也拓展了大和恒的经营范围。2010年在董事长和我的带领下,大和恒相关人员三下河北学习蒸窝头的技术,终于把宫廷御制小窝头的技术学到了手。

河北廊坊大城县有个小村镇叫"里坦",镇街长不到200米却有七八家经营窝头的店铺,都标榜自己是正宗的宫廷小窝头。据说历史上村里有人当过太监,便把这种窝头带进了宫里。"里坦"的窝头,选料讲究,工艺独特,确实好吃。单说这蒸制方法就不一般。几位四十几岁的中年妇女围坐在一起,中间一张桌子,上面放这一盆活好的窝头面,她们左手握面,右手食指和中间搭在一起捅窝,动作非常熟练,窝头面在手上停留不能超过5秒钟。据说时间长了,蒸出的窝头会发硬、发死,不暄腾。宫廷小窝头每斤面18个旺火蒸15分钟就熟了,一揭锅满屋子都是香味。老板说:"这种窝头晾凉了,放在零下负5度的冰箱内可贮存3个半月,质量不变。"2010年年底大和恒主食厨房推出了采用天然绿色五谷杂粮为原料的五色窝头,除原有"小米面"、"三条腿玉米面"外,增加了高粱面、紫米面、黑豆面的窝头。五色窝头工艺独特、娇小玲珑、营养丰富、口感细腻又风味各异,一上市就受到顾客,特别是老年顾客的欢迎。

人口老龄化是今后发展趋势,消费者的健康意识对养生需求在不断提高。大和恒结合粮食文化的特点充分利用现有资源,注重养生服务领域产品创新,走出一条不断创新之道。

2011年,大和恒粮行和中国中医科学院根据传统中医"以食疗疾"的思想结合现代营养、保健学理论、实践,推出了"太极益寿粥"、"太白无忧粥"、"飞燕养形粥"、"五行养生粥"、"甜梦莲子粥"、"和中山药粥"、"百合杏仁粥"、"养颜润通粥"、"富贵万全粥"、"益

生再造粥"等十种养生健康粥料。该粥料选用药食同源的原料，配伍常用的煮粥谷类、豆类原料。以中医中药的君臣佐使、四气五味为原则，注意各食材的配伍，寒凉温热、五脏归经，做到主次分明，层次清晰。这十款粥分别针对失眠、经常饮酒者、大便溏泻、吸烟者、易感冒者、便秘者、肥胖者、三高人群、癌症高危人群等，消费者可辨体论食，根据自己的身体情况对号入座。"营养配比粥"组方科学，选料讲究，营养丰富，食用方便，一上市就受到广大消费者的欢迎。产品已销到全国二十几个城市，成为大和恒杂粮新产品中的一枝奇葩。

俗话说"只有想不到的，没有做不到的"，大和恒产品创新之路越走越广。几年来恢复和创新的米、面、粮、油新产品多达几十个。纯正的小磨香油、纯芝麻酱、营养独特的亚麻油、老北京传统的绿豆杂面、莜面窝窝，现制现售的精米、糙米、胚芽米等都备受顾客青睐。

与这些产品相配，大和恒自行研制的十大精美礼盒，选料讲究，配制合理，美观大方，其中"老北京窝头面礼盒"、"四大名米礼盒"、"三阳开泰（大米）礼盒"、"五福临门杂粮礼盒"每到春节时都供不应求。产品创新使老企业生存发展，与时俱进，焕发青春。

七、走进宝岛考察交流

　　初冬的台湾，细雨绵绵，空气清馨，暖意融融。2011年11月7日至16日，我们随北京老字号协会交流团一行29人，去台湾进行了为期10天的参观访问。交流团受到台湾一国两制研究协会台中办事处等有关单位的热情接待，参观了"大黑松小两口牛轧糖博物馆"、"郭元益糕点博物馆"和"2011年高雄国际食品展览"。虽然只有短短十天，学到了不少新的东西，开阔了眼界，增长了知识，受益匪浅。交流团包括8个部门和单位，我和董事长黄春啟先生是粮食行业的，自然对台湾的粮食情况十分关心。台湾3.6万平方公里，百分之七十是山地，人口2300万。农作物种植以稻谷为主，所产大米基本上能自给，每公斤市场售价38台币（约合人民币8元钱），口感一般。小麦主要靠进口，来自美国、加拿大、澳大利亚。台湾人也喜欢吃五谷杂粮，但受土地所限，种植不多，主要是黄豆、绿豆、红小豆和小米、荞麦、薏米等品种。

（一）发展杂粮深加工产业

随着社会经济的发展，台湾人越来越注重养生，注重食用五谷杂粮，他们提出的口号是"不精致加工，维持自然原有风味"，并研制一批高质量的营养食品。"丰茂生技股份有限公司"生产的御厨膳品茶系列产品包括"养颜苡仁茶"、"五谷精力汤"、"有机黑豆茶"等10多个品种。这些产品精选五谷杂粮，从筛选、洗净、熟化、低温干燥、研磨，完整保留了原生态物的天然成分，从而达到滋补营养、补充活力的功效。台湾黄金荞麦有限公司出品的黄金荞麦（即苦荞麦）茶系列、黄金荞麦饼系列、黄金荞麦面系列、黄金荞麦酱系列，则是充分利用荞麦中的"芸香苷"（即芦丁）有活血化瘀、降脂降糖的作用。台湾食品业的"低温烘焙"技术已被广泛应用，并完全取代了原有的食品"膨化"工艺。"珍豪家"生产的"玉米脆片"、"燕麦脆片"、"大麦脆片"、"小麦脆片"；"乡园"生产的"糙米轻食餐"都采用了低温烘焙工艺，不添加消泡剂、防腐剂、香料、色素，彰显了谷物的本色，有益健康，值得我们学习。

（二）超凡脱俗的包装

俗话说"货卖一张皮"，台湾人注重产品质量，同样也注重包装装潢。粮食虽说不是珠宝翡翠，好的包装也能提升品位。我们见到的台湾市场上粮食及粮食制品包装使用塑料袋、塑料桶的越来越少了，取而代

49

之的是纸袋、纸盒、布袋及麻织品袋。用麻袋包装的绿豆、黄豆、小米、荞麦五谷杂粮等有250克、350克和500克不同规格,这些包装古朴典雅、美观大方、设计精美给人以返璞归真、回归自然的感觉。用麻袋包装粮食不仅绿色、环保,还有利于粮食的储存。由于透气性好,粮食不易霉坏、变质,当然成本略高一些,但从食品安全考虑是发展方向。

(三)底蕴深厚的企业文化

"大黑松小两口公司"、"郭元益糕点厂"是台湾两家知名企业,他们不惜花费人力、物力在工厂中辟出几百平方米建造博物馆,宣传企业文化。博物馆集历史性、知识性、趣味性于一体,使参观者了解到创业的艰辛、道路的曲折、企业的辉煌,令人叹为观止。在"大黑松小两口牛轧糖博物馆",我们看到了镇馆之宝——台湾最大石刻牛。在早期农业社会台湾牛正代表台湾人勤劳的精神,特有的"韧性",也正是大黑松小两口公司的理念与精神象征。郭元益糕点厂是台湾糕点业的龙头企业,郭元益创始人郭梁帧原来是福建漳州人。公元1708年渡海赴台,将祖传的糕点制作工艺带到台湾。300年的历史工厂变了,设备变了、人变了,不变的是老口味。郭元益为了让消费者吃到实物原本的味道,不放任何香精和添加剂,在这能让您吃到真正的"凤梨酥"。企业文化促进了企业发展,企业发展又滋润了企业文化。

(四)粮食交流指日可待

11月9日,交流团到达台中,在台湾一国两制研究协会台中办事

处陈堂立主任的安排下,台湾山水米实业股份有限公司董事长李朝东先生、执行长蔡宠信先生驱车百余里赶来看望我们,并进行了热情的交流。"山水米"公司创建近30年,年销售额达20亿元(台币),是台湾经营大米屈指可数的企业。当董事长李朝东先生得知"大和恒"是北京的老字号,有上百年的历史时非常高兴,对我们带去的新产品"营养配比粥"等赞不绝口。双方都表示通过这次见面要建立关系、加强合作、互通有无,把大和恒的五谷杂粮、营养配比粥等新产品带到台湾,把台湾粮食及粮食深加工高科技产品带到北京,为两岸交流做出贡献。

八、百姓健康大讲堂普及粮食知识

2012年端午节前夕，大和恒粮行迎来了一批特殊的顾客，这些人不买米，不买面，不买油，不买豆，那么他们是干什么来的呢？

随着人们生活水平的不断提高，现在有越来越多人认识到，经常吃一点五谷杂粮对身体是有好处的。但是杂粮杂豆品种那么多，怎样挑选，怎么吃，怎么做，做到吃得科学，吃得合理，吃得健康就不是人人都清楚了。在学习实践"北京精神"的热潮中，为弘扬老字号的优良传统，为老百姓办实事，大和恒开设讲堂，把当地居民请进粮店，向群众普及粮食知识，受到群众欢迎。

陶然亭街道福州馆居委会，多数住的都是北京的老户，老北京人对五谷杂粮情有独钟。6月18日一大早，40多位居民在社区杨书记的带领下，早早地来到了粮店。课堂设在大和恒粮店一楼的售粮大厅。大厅北侧悬挂着"品五谷杂粮 谈夏季养生"横幅。主讲人是我，我虽然70多岁了，但身体还可以，干粮食这行50多年，应该把自己所知所学，奉献给老百姓。

首先我介绍了什么是"五谷",吃杂粮有什么好处。"所谓'五谷'就是'稻、黍、稷、麦、菽',简单地说,就是各种粮食的总称。人的一日三餐不能光吃白面、大米,必须吃一些杂粮,才能营养全面。杂粮中有丰富的维生素、矿物质和膳食纤维,这些都是白面、大米中所缺少的。俗话说'药补不如食补',不少杂粮都是药食用源,经常食用五谷杂粮,不仅营养均衡,还能对您的某些疾病起到辅助治疗的作用,使您强身健体,益寿延年。"

大和恒是百年老店,历史上就以经营各种杂粮著称。现在超市里的杂粮只有二三十种,大和恒的杂粮不仅质量好,品种也达到100多个。市场上很难见到的青稞米、胭脂稻、毛绿豆、鹰嘴豆、红薯面、榆皮面,大和恒粮行一应俱全。结合季节特点,我给大家主要介绍夏季食用最多的几种豆子及挑选豆子的方法。我说:"好的豆子应该是'籽粒饱满、大小均匀、色泽鲜亮、气味纯正,'在选购中应注意'无虫蛀、无霉变、无杂质、无破损',掌握了这几个原则,您就能够买到质量上乘满意的豆子了。"随后,我按照产地、性能、营养价值、保健功能、食用方法对绿豆、红小豆、黄豆、鹰嘴豆一一作了介绍。

"绿豆是老百姓最常见的豆子,非常适合夏季食用。按其性能和食用方法可分为两种。一种是明绿豆,一种是毛绿豆。明绿豆色泽鲜亮,表皮有光泽,有蜡脂。毛绿豆颜色比较暗淡,表皮无光泽,无蜡脂,但毛绿豆有两个显著的特点:一是沙性大,二是易煮烂,所以夏季熬绿豆汤、做豆粥、豆饭,毛绿豆更适合。明绿豆的特点是发芽率高,最适合生绿豆芽或泡豆芽菜。"

随后又介绍了绿豆的营养价值和保健功能,"绿豆营养十分丰富,每百克绿豆含蛋白质21.6克、脂肪0.8克、碳水化合物55.6克、粗纤

维 5.2 克。每百克绿豆含钙 155 毫克，是一般禾谷类作物的 4 倍，含磷 417 毫克，是一般禾谷类作物的两倍，蛋白质含量是大米的三倍。绿豆不仅营养丰富，夏季食用还有非常好的防暑、去热、排毒等保健功能，李时珍在《本草纲目》中称绿豆是'济世之珍谷'"。

关于绿豆的食用方法，我说："绿豆小米粥（或水饭）是夏季最好的吃法，堪称'绝配'。绿豆小米配在一起食用不仅清热排毒，清凉解暑，而且营养价值有了极大的提高。绿豆的赖氨酸十分丰富，是小米的三倍，但绿豆的亮氨酸、蛋氨酸、色氨酸不足，只有小米的一半，把这两种粮食搭配在一起吃，起到了营养互补的作用。中国广大的农村有把绿豆小米粥、绿豆小米水饭放酸了再食用的习惯，现在有研究证明这是一种非常好的食用方法。酸的过程就是发酵过程，培养了大量的有益菌，人吃了酸粥、酸水饭，不仅不会闹肚子，还有利身体健康。"有没有不适合吃绿豆的人呢？"绿豆虽好，脾胃虚寒的人要少吃，吃多了会引起腹泻。"随后我又一一对红小豆、黄豆、鹰嘴豆作了介绍。

原本安排 40 分钟的课讲了一个多小时。我出了一身透汗，有些疲倦，但看到听的人津津有味，频频点头，感到十分欣慰。一位老大爷说："真不知道小小豆子还有这么多的学问，今后再买豆子就知道什么是好的了。"讲课结束后，人们不愿离去，提出了不少问题，如："夏季粮食怎样保管？""大米生虫怎么办？""黑豆掉色正常吗？"等等，我一一作了解答。讲课结束后，大和恒向居民赠送了江米，祝大家过一个祥和快乐的端午节。

在社区居民的要求下，大和恒"百姓健康大讲堂"活动已坚持两年，成功举办了 8 次，听课人达到 500 多人。粮行本着"办贴心店，做贴心人"的宗旨，承担起"百年老店"普及粮食科学知识的社会责任。

九、做客《天天向上》

湖南卫视《天天向上》是一档集知识性、文化性、娱乐性于一体，主要面向青年观众的节目，自开播以来受到全国观众的关注、欢迎，据说收视率居全国同档节目的前三名。

为了帮助青年人了解"大和恒"，"天天向上"栏目组决定做一期有关"大和恒"的节目。栏目组很认真，两次派编导来北京采访，写文案。道具组专门制作了古代装粮食的器皿，服装组为参加演播人员量身订制了符合各自身份的服装。为了烘托演出气氛，栏目组专门从北京、深圳聘请了六名年轻漂亮的女孩，充当大和恒掌柜的女儿，参加演出。沿途往返机票，食宿一切费用全部由电视台负担。

2013年4月28日，大和恒一行四人经过3个多小时的飞行，来到了湖南长沙。副总经理尚雪松、店长温勇、副店长武文丽都是第一次参加电视台演播节目，心里不免有几分紧张，本来只有三五句的台词，憋在屋里足足练了半天。作为大和恒的掌柜，我多次接受电视台采访，但这次身在异地，与五位主持人同台，面对三四百位现场观众，能否

55

把节目做好，心里也没有底。此时此刻才真正体会到"台上一分钟，台下十年功"的道理。

4月30日下午录像，但要求我们上午9点就到电视台练习"走台"。下午两点节目录制准时开始，有三四百个座位的演播大厅，座无虚席。舞台正面悬挂着大和恒的标识，左边有一杆"粮"旗，旗下各式簸箩中摆放着各种粮食，粮食上插着写着品名的木制标牌，仿佛带您又回到了上世纪30年代。舞台右边一面写着"主食厨房"的彩旗，前面摆着锅碗瓢盆，一个古人用来蒸饭用的"甑"放在十分显眼的位置。

汪涵先生是五位主持人中的老大，也是节目的制片人。他说："今天我们要说的是《天天向上》自开播以来最大的一个主题"粮食"，请来了京城硕果仅存的老字号粮店的掌柜和伙计。"嘉宾一一亮相，最后出场的是我，在6个女孩的簇拥下，走到了舞台的正中央，通过自我介绍，观众知道了我今年72岁，在粮行干了50多年。随后我介绍了"大和恒"的历史及经营特色。谈到大和恒的粮食品种时，我说："'大和恒'坚持产地进货，山西沁州黄小米、河北张家口的莜面、宣化的绿豆、天津的红小豆、云南的大白芸豆、西北的大白豌豆大和恒是应有尽有。"汪涵先生一听惊讶地说："白先生您这是一段贯口啊！"被汪涵先生言中了。与粮食打了一辈子交道，谈到粮食的产地性能，我能滔滔不绝，如数家珍，已经不止一次了。湖南是水稻的故乡，话题自然而然转到了大米上。我向大家介绍来自名门，出身显赫的天价大米"胭脂稻"，市场上每公斤售价4000元。"红楼梦"中有三处提到它，这种米熬粥、做饭，香甜无比，并且有"回锅三次而不烂，每次回锅增一分"（俗称"三伸腰"）的特色。为了做好这次节目，栏目组专程到河北省曹妃甸，在河北省粮食局的帮助下，借来了一小袋"胭脂稻"，用后还

要还回。观众目睹了"胭脂稻"的风采,开了眼界。"小米面"、"三条腿玉米面"是大和恒的镇店之宝,入选非遗产品,用它蒸出的窝头"微黄鲜亮、松暄爽利、不黏不散、有如栗子的香味"。店长温勇现场为观众蒸了窝头。果然清香四溢,入口绵甜,大家争相品尝,现场气氛达到了高潮。

节目结束前我向汪涵先生赠送了多年珍藏的"北京粮票",汪涵先生握手连声称谢。两周以后,节目在湖南卫视"天天向上"栏目播出了,反映强烈。一时间大和恒的电话打爆,要求加盟的人从四面八方而来,申请书达200多份。大和恒组织员工收看节目后大家暗下决心,纷纷表示要好好干,不虚此行,为民服务,为老字号争光。

京华老号 大和恒

十、大米的学问

福建"东南卫视"有一个栏目"好好学习吧",每周四的晚上黄金时间播出。节目的广告语是"生活学问大,好好学习吧",节目50分钟,分四档,每档都要请出一位高人亮出自己的绝活。有唱歌、跳舞的高人;有踢毽、跳绳、抖空竹的高人;也有的教给你识别珍珠翡翠、玛瑙、钻石的方法;还有的蒙上双目凭鼻闻、嘴尝鉴别茶叶、蜂蜜。栏目组找到我,让我上节目,教观众识别大米优劣的方法,并展示蒙上双眼猜大米的绝活,凭借着手摸、鼻闻、嘴尝讲出大米的品种、产地。说心里话,我不愿意上这样的节目,普及大米知识,我已经在电视台做过多次节目,可猜大米还是头一回。在编导的多次要求下,我只好答应了。

录制节目的那天,轮到我上场了,不免有几分紧张。几句寒暄后美女主持周群说:"听说老先生和大米打了50多年的交道,下面这个环节要蒙上您的双眼,靠摸、闻要求您讲出各种大米的品种和产地,看您是不是名至实归。"为了避嫌主持人把事先准备好的8种大米,

交给在场的 8 位观众，由观众来考问。

第一个大米我很快就猜出了"泰国香米，产自泰国东南部地区"。场上响起了掌声。第二个"秋田小町，产自吉林省梅河口市"又是一片掌声。接下来胭脂稻、小站稻我一连猜对了 4 个，猜到胭脂稻的时候，主持人故意"刁难"我，说："这个您真没猜对，现在改还来得及"，要我重猜并调侃说："猜错了，您的买卖就归我了"。我凭着多年经验，使出浑身解数，反复地摸、尝，然后坚定地说："没错，就是胭脂稻。"场上掌声四起，主持人感叹地说："真是名不虚传。"这时场上打起了字幕"全国最懂大米的人"。

节目播出后，有朋友问我："怎么猜得那么准，是不是有托？"我认真地说："没托，一凭经验，二抓特点，我把方法教给你，你也能猜中。"泰国香米长 7 毫米，宽 1.2 毫米，米质坚硬，有浓郁的香味，是典型的浓香型籼米；秋田小町米型是圆的，小巧玲珑，有淡淡的清香味；天津小站稻粒型粗大。如此抓住不同大米的特点，蒙眼识米也就不是不可思议的事了。世上无难事，只怕有心人。

京华老号 大和恒

十一、白美清会长视察大和恒

2014年1月14日新春前夕,虽然是数九时节,但风和日丽,暖意融融。中国粮食行业协会白美清名誉会长来到北京老字号粮店——"大和恒粮行"视察指导工作。北京市粮食行业协会田鸿儒会长、北京市粮食局老局长张正义及吴敬、宫玉富等同志陪同视察。

大和恒两个月前重新装修了门脸。听说老会长要来店指导工作,职工们便早早地来到店里,打扫卫生。粮店不大,但窗明几净,焕然一新。店内货架,商品布局重新调整了一番。一进门首先映入眼帘的是粮食文化展示区,一个上世纪40年代的老式面柜摆放在正中央,面柜上面是盘秤,秤杆的尾端直指一枚金钱眼的正中心,意寓大和恒秤平斗满、准金足两、童叟无欺的商业道德。面柜上面有一对玻璃罩子,里面陈列的是大和恒的镇店之宝"小米面"和"三条腿玉米面"。面柜前面摆放着各个不同历史时期的升、斗等粮具。杂粮区和大米区原有的玻璃粮柜换成了木质粮柜,每个格子上面都有小木牌,牌上写着品名、价格、产品介绍,让顾客一目了然。营业员身穿崭新的工作服,

佩戴工作帽，面带微笑，彬彬有礼。

在一楼售粮大厅，白美清会长饶有兴趣地视察了粮食文化展示区、大米区、杂粮区、食用油区、粮油食品区及主食厨房。我们向白美清会长介绍了大和恒各种特色商品，从2块钱1斤的机米到200元1斤的胭脂稻，光大米就达30多个品种；大和恒现有的杂粮达100多个品种，比一般超市多出2~3倍，市场上不容易买到的毛绿豆、河北黄豆、青稞米、榆皮面、红薯面大和恒都有。当听说大和恒自产自销的"小米面"、"三条腿玉米面"已入选北京市区级非物质文化遗产名录时，白美清会长非常高兴，并指示："要把好的传统的东西传承下去。"当看到享誉全国的"沁州黄"、"东方亮"、"桃花米"、"小香米"四大名米礼品盒时，白美清会长说："名店要有名品，要货真价实。"

在主食厨房白美清会长品尝了小米面、高粱面、紫米面、黑豆面等五色窝头，连声说："好吃，要注意营养、美味。"视察中白美清会长称赞大和恒的粮食品种多、质量好、服务到位，每种粮食都有标签，注明产地、性能、营养成分、食用方法、保健功能，既传播了粮食知识，又彰显了粮食文化。视察中，这位在粮食部门工作了几十年，曾任国内贸易部副部长的老领导对陪同的田鸿儒会长、张正义老局长感慨地说："全国各地我走了一千多个县，大和恒是全国粮食零售企业的标杆"。

在二楼会议室白美清会长一行听取了大和恒董事长、总经理对大和恒的历史和现状的汇报。

董事长黄春启先生汇报说："重张开业的大和恒秉承'诚信为本，童叟无欺'的经营理念，用传统工艺恢复了'小米面'、'三条腿玉米面'两个招牌产品，在此基础上，决心走开发创新之路。2008年引进日本大米碾磨机设备，现制现售糙米、胚芽米；2009年研制成功"小磨香油"、

京华老号 大和恒

"纯芝麻酱"及50多种小包装杂粮,并精心设计了'老北京窝头面'、'四大名米'、'原生态杂粮'、'老北京腊八粥'等10多种精美礼盒;2010年与中国中医科学院合作,研制出10款全新营养配比粥,风味独特,食用方便,营养丰富。目前大和恒粮行经营品种已达400多种,日营业额达到了六七千元,还在四川乐山等地开办了分店。其产品借助网络平台,已远销到上海、杭州、无锡、苏州、长沙、武汉、广州、重庆等全国20几个大中城市。重张开业的'大和恒'备受各级政府、新闻媒体、各界人士及百姓的欢迎和爱戴。2013年,中央电台、中央电视台、北京电视台、北京日报、湖南卫视等新闻媒体对大和恒的报道多达27次。"

听了汇报后,白美清会长对大和恒粮行的工作给予了充分肯定,对大和恒今后发展提出了四点指示:第一,大和恒是老字号,百年老店,要把老字号的优势和产品优势结合起来,在"安全、营养、风味、方便"8个字上下功夫。其中安全是第一位的,没有安全就要砸老字号的牌子。光是安全不行,还得好吃、注意粮油食品营养、风味、服务到位。第二,要发挥老字号的品牌优势,多方合作向大企业发展,多开几家店,争取规模效应。第三,要争取政策支持。要把各级政府和有关部门对老字号的优惠政策用好用足。老字号要有"应急粮食",在粮食安全上承担应有的社会职责。第四,诚信守法。做遵纪守法老百姓信得过的合法经营者。白美清会长的指示,是老领导的嘱托,也是时代赋予老字号新的要求,我们将努力创造大和恒更加光辉灿烂的明天。

十二、构筑健康的"防火墙"

大和恒粮行四川乐山店是北京大和恒粮行全国首家加盟店，于2013年10月9日在四川乐山市城区隆重开业。开业当天，粮店门前花团锦簇，彩旗飞舞，秧歌队锣鼓喧天，吸引了不少人，也受到当地媒体的关注。我有幸参加了当天的庆典活动，并接受了当地电台的采访。当天下午，乐山电台报导了北京大和恒乐山店开业的消息，并播出了我介绍百年老店大和恒的历史及其经营特色的采访录音。

大和恒四川乐山店的董事长、总经理毛雪峰先生40出头，精明强干，年富力强，事业有成，是餐饮、零售等多家企业的老板。当有人问到他为什么想涉猎粮食行业时，毛雪峰坦率地说"'民以食为天'，老百姓一日三餐离不开粮食，粮食行业是阳光产业。但目前的粮食市场令人担忧，一些粮商唯利是图、缺斤少两、以次充好及弄虚作假的问题时有发生，甚至还出现了'地沟油'、'毒大米'等危害百姓健康的严重事件。在食品安全问题备受关注的今天，能为市民提供健康、安全、放心的米面粮油是一件很有意义的事。大和恒是百年老店，'货

真价实，诚实守信'是多年的立店之本，我愿意全身心地投入粮食行业，发扬老字号的优良传统，成为乐山放心粮油市场的引领者，为乐山市民的健康构筑一道'防火墙'。"

　　乐山店的开业，给乐山市民带来了大和恒的特色产品"小米面"和"三条腿玉米面"，带来了北方特有的优质杂粮产品：张家口的莜面、宣化的绿豆、天津的红小豆、山西的沁州黄小米等。乐山店仅杂粮就有六七十个品种，比当地经营粮食的任何一家商店都多。大和恒粮行乐山店经营的粮食，不仅品种多、质量好，而且价格合理，很快受到乐山市民的喜爱。到2014年4月坐落在乐山宝马街、茶马街的两家分店同时开业，至此大和恒粮行乐山店已发展到3家。毛雪峰总经理的誓言正在实践中，我们似乎看到了一道呵护粮食安全的城墙拔地而起。

十三、做粮食文化的传播者

2014年5月18日,天气晴和,万里无云。北京大和恒天津分店在天津市河北区隆重开业。我和董事长黄春啟先生一行六人驱车240里地早早赶到了天津。北京老字号协会张健副会长和天津老字号协会杭天增会长应邀参加了庆典活动,并为粮店开业剪彩。至此,大和恒在天津有了第一家分店。

加盟大和恒的是四位青年,平均年龄只有27岁,都有着大专以上的学历,是什么力量吸引了他们,想开一家粮店呢?我带着好奇的心理询问了四个人中年龄最小的王微,她笑了笑,给我讲述了以下的故事。她说:"这话还得从看一次电视节目说起。"

2013年6月的一个周末,几个人凑在一起像往常一样观看他们喜爱的一档电视综艺节目——湖南卫视《天天向上》。节目与往日不同,没有欢歌笑语和令人眼花缭乱的场景,请来的嘉宾不是明星大腕,也不是社会名流。大和恒的老经理和员工成了今天的主角。著名主持人汪涵先生说:"今天节目的内容是《天天向上》开播以来最大的一个

主题——粮食。于是节日围绕着粮食展开了。"

节目从百年老店大和恒的创始人齐如山说到了挚友梅兰芳和他演出的京剧《洛神》、《天女散花》,从旧社会唯利是图、无商不奸的不法商人,说到了大和恒的店训"货真价实、童叟无欺";从天价大米每公斤4000元的胭脂稻,说到"红楼梦"中的贾母品粥;绿豆清热解毒,红豆利尿除湿,黑豆滋阴补肾,小米健脾开胃。主持人和嘉宾从五谷杂粮又说到四季养生……台上五位主持人轮番提问,嘉宾对答如流,满台生辉,现场观众赞叹不已!

王微说:"这所有的一切几乎是我第一次看到,第一次听到,仿佛我有生以来第一次注意到,日常生活中再平常不过的五谷杂粮之中竟然蕴藏着这么多鲜为人知的小秘密。已经消失了20多年的粮店又悄悄重新出现在我们的身边。自此,了解大和恒,敲开心中好奇的那扇大门,我急切地探寻着,想知道它是不是还像小时候,外婆常带我去的那家粮店,一排木质的米柜、面柜,上面安装着铁质的漏斗,称好的米面顺着漏斗流入顾客的米袋、面袋中,售货员叔叔、阿姨穿着白大褂,戴着白帽子,鼻孔和眉毛上都飘着一层面粉。"

"从那天起,我开始关注这个名字——大和恒。"王微说,"考察中我们发现这家有着百年历史的老粮店门前黑匾金字'大和恒' 苍劲有力,据说出自郑孝胥之手。我仿佛看到了当年的繁荣,当我走进粮店时,被这里的一切深深吸引住了。售粮大厅的正面悬挂着'百年老店 诚信为本'的匾额,大米区、杂粮区、面粉区、油脂油料区、粮油食品区及主食厨房。布局合理,错落有致。最具特色的是杂粮区,100多个杂粮品种红色的、绿色的、黄色的、紫色的、白色的还有花色的,五光十色,令人目不暇接,仿佛置身于花的海洋。当然,叫顾客最感

兴趣的还是每一种商品上面的'产品简介',从产地、性质、营养成分到保健功能、食用方法,保管及储存条件,让您一目了然。"王微接着说:"售粮大厅背面是文化墙,红帐子上面有十个一尺见方的大字'品五谷杂粮 话四季养生。''什么是三条腿玉米面?'、'怎样熬绿豆汤?'、'大米生虫怎么办?'这些商品知识介绍,吸引了不少顾客驻足。"

这次考察使几个年轻人看到了一个既传统又时尚,既坚守已有的精华,又引领时代的风气,有历史,有文化,有传承,有创新,与时俱进的大和恒。自此,凡是有关大和恒的电视节目他们必看,并从中学到了不少有关粮食方面的知识和文化。

"是历史的沉积、文化的吸引、品牌的魅力,促使我们一步一步地加深对大和恒了解和认识,于是一种许久萦绕在脑海中的想法应运而生。"王微感慨地说,"我们要加入到这个队伍中,做粮食文化的传播者,让天津人、让更多的人了解粮食的历史、饮食的文化、健康的生活方式。"

今天几个年轻人的愿望实现了,我们祝愿北京大和恒天津分店这颗粮食行业中的新星,在天津这片沃土上生根、发芽、开花、结果,造福一方,服务百姓。俗话说:"三百六十行,行行出状元。"我们期待着几个年轻人早日成为"粮食文化的传播者",粮食零售企业的领航人。

京华老号 大和恒

十四、同根同长,共铸辉煌

2014年10月25日,我和尚雪松、姚军两位副总一同赶往河南安阳,参加第二天举办的北京大和恒粮行安阳分店开业的庆典活动,并借此机会参观我盼望已久的安阳大和恒面粉厂,更多地了解大和恒的历史和文化。高铁拉近了城市间的距离,从北京出发,只需2小时40分钟,就到达了安阳东站。

安阳市是我国历史文化名城,旅游胜地。这里的"殷墟"是公元前1300年~公元前1046年中国商代晚期的都城,世界文化遗产;离城20公里的曹操墓,吸引了大批的考古专家、学者;"岳飞庙"、"文峰塔"是全国重点文物,是游客的必玩之地。然而,这一切我都无心贪恋,我最想知道的还是100年前的"大和恒面粉厂"如今的归宿。

与北京"大和恒粮行"同时诞生的安阳"大和恒面粉厂",旧址在今安阳市区北场街,是安阳市近代知名的工业企业之一,是全市最早使用机器生产的面粉厂,其"狮子"牌面粉商标至今仍被沿用。大和恒面粉厂在董事长齐竺山总经理韩辅臣管理下,有过光辉的历史。

但1937年以后由于连年战乱，日军、国民党的疯狂掠夺，风雨飘摇，惨淡经营，到1949年安阳解放前夕，大和恒面粉厂几乎变成了一处破烂不堪的废墟。安阳解放后，大和恒面粉厂在政府的支持下，恢复了生产，终于迎来了曙光，1954年在对资本主义工商业社会主义改造中，大和恒面粉厂成为安阳市第一家公私合营企业。1958年，公私合营的大和恒面粉厂与安阳普润面粉厂合并为地方国营的安阳面粉厂。至此，大和恒面粉厂完全转变为社会主义国有企业。

改革开放以后，恢复老字号，安阳面粉厂重新启用了"大和恒"的名字。现在安阳大和恒面粉厂拥有生产车间7000平方米，仓库3000平方米，2007年又上马年产15万吨面粉及专用粉生产线项目。

安阳大和恒面粉厂的发展变化，真实记录了安阳由近代工业向现代工业、由资本主义经济向社会主义经济演化的历史变迁，对于研究中国现代史、现代工业史，均具有珍贵的历史价值。

开办北京大和恒粮行安阳分店的是刘勇先生。刘勇先生虽然只有30出头，却有10多年经商的经历。他对大和恒早有了解，对老字号情有独钟。2008年北京大和恒重张开业并获得成功后，对刘勇先生震动很大。他决心在安阳创办分店，让老字号的优良传统发扬光大。安阳市分新区、老区，目前居民和商业街主要集中在老区。大和恒安阳分店开在老区城北，距安阳大和恒面粉厂旧址不足200米。门前是一条宽阔的大马路，110平方米的店铺，虽不宽敞，也还够用。杂粮区、大米区、食用油区和主食厨房，把店铺安排得满满当当。新打的散装粮柜和有机玻璃商品标牌，再加上五光十色的各类杂粮显得格外引人注目。开业当天顾客川流不息，当问到粮店的前景时，刘勇先生斩钉截铁地说："大和恒有着百年的悠久历史，有老字号的金字招牌，有童

叟无欺的经营理念，有薪火相传的传统工艺，今后我们要在继承传统的基础上，不断创新，与时俱进，使大和恒再创辉煌。"

庆典活动正赶上厂休日，参观安阳大和恒面粉厂愿望没能实现，不免有几分遗憾。不过刘勇先生展出了他珍藏的当年的"狮子"牌面粉的面袋，和他从朋友处找到的大和恒面粉厂5幅老照片，以及当年"大和恒企业股份有限公司章程草案"和"一九四八大和恒股份有限公司股东股份表"等复印件，这些珍贵的历史资料，足以使我大饱眼福，顿时感到一个传统而又时尚，历史而又现代的大和恒面粉厂就展现在我的眼前，不虚此行。

北京大和恒粮行安阳大和恒面粉厂都是齐竺山、韩辅臣等人100年前的杰作，如今跑到一块来了，我衷心祝愿它们同根同长，共铸辉煌。

第三章
粮食与健康

一、大和恒的特色粮油

京华老号 大和恒

1. 漫话小米

中国传统文化中，以"四"字组合的内容非常多，如京剧界有"四大名旦"、"四大须生"，中医界有"四大名医"，古代有"四大美女"，天有"四时"，地有"四方"等等。粮食也有"四大名米"之说，山西的"沁州黄"、山东金乡县的"金米"、山东章丘的"龙山米"和河北蔚县的"桃花米"被称为小米中的"四大名米"。由于得天独厚的自然条件、地理环境和几千年的培育，"四大名米"都以色泽好、营养高、黏性大、味道香等特点著称国内外。

谷子古称粟，去皮后称为小米。谷子起源于我国黄河流域，至今有7300多年栽培史。目前国内种植面积最多的主要分布在河北、山西、内蒙古等北方10个省区。小米是我国北方人民重要的主食之一，也是我国小杂粮出口的一个主要品种。

在禾谷类的作物中，小米的营养价值最高，而且相对平衡，能满足人类生理代谢多方面的要求。其中蛋白质平均含量为11.42%，高于

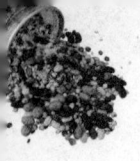

稻米，小麦粉和玉米，小米中人体必需氨基酸指数分别比稻米、小麦粉、玉米高41%、65%和51.5%；小米的脂肪含量平均为4.28%，高于稻米、小麦粉，其中不饱和脂肪酸占脂肪酸总量的85%，有益于防止动脉硬化；小米的维生素A、维生素B_1含量分别为0.19mg/100g和0.63mg/100g，均超过稻米、小麦粉和玉米；此外，小米的食用粗纤维含量也很丰富，是稻米的5倍。现代医学研究发现，小米中色氨酸含量突出，色氨酸能促进大脑神经细胞分泌出一种催眠物质——五羟色胺，有一定的催眠作用；小米中的蛋白质能显著提高血浆中高密度脂蛋白的浓度，具有抗动脉粥样硬化的功能。

小米营养丰富，且易于被人体消化吸收，是公认的产妇及老、弱、病、婴儿的良好滋补食品。据说有一位女主人在医生的建议下，每天让小保姆给她熬一碗小米粥喝。数月后，她问小保姆："你看最近我的气色怎么样？"小保姆答道："您的气色好多了！"过了一会，女主人好像发现了什么，惊奇地对小保姆说："我看你的气色比我还好，你吃了什么好东西？"小保姆沉思片刻道："每次熬粥时，我都把上边的一层皮吃掉，然后把粥端给您。""哦！"女主人明白了。熬小米粥有讲究，不能少于20分钟，上边的皮叫米油，是小米粥营养最丰富的部分，不能撇掉。小米粥虽好，不是一年四季都能食用，中医认为：小米味甘性凉，所以冬天不宜食用。

老字号大和恒粮店经营小米，集中了山西、河北、内蒙古的优质品种，保证货真价实。为了采到正宗的"沁州黄"小米，每年一入秋，公司都要派人驱车千里到山西沁县，深入田间地头，按订单拿到一手货。这样做虽说加大了成本，但能保证质量。大和恒经销的小米，除散装零售外，还有精美礼盒，并且针对不同季节和不同人群研制了营养保

健系列小米粥料，其中"小米绿豆粥"和"金粟苦荞粥"最适合夏季食用。"小米绿豆粥"把小米和绿豆放在一起煮粥堪称绝配，这道粥不仅营养丰富，口感爽滑，还有清热解毒、健脾和胃之功效。专家研究证明：绿豆的赖氨酸含量是小米的3倍，但色氨酸、亮氨酸、蛋氨酸的含量较低，大约只有小米的一半。绿豆和小米混合食用，氨基酸可以互相得到补充，从而使两种食品的营养价值都有所提高。"金粟苦荞粥"不仅发挥了小米营养丰富的特点，还吸收了苦荞所独有的生物类黄酮如芦丁等物质。长期食用此粥对降低人体血脂、胆固醇、血糖方面都有积极的作用，有益人体健康。

2. 话说杂面

杂面条，是北方人特别是北京人喜爱的食品之一，它尤其适于秋后食用。杂面条的原料是杂豆面，一般是由绿豆、小豆、豇豆、豌豆、黄豆等混合磨制而成，营养非常丰富。不过杂面条吃起来口劲差，下锅煮时易出白沫。为了弥补这一不足，在杂豆面中掺入一定量的小麦面粉，可以增强杂豆面的口劲。老北京人吃杂面条，讲究用纯绿豆面加一定量的小麦粉，这种豆面条吃时爽口、有劲，煮时锅里无白沫，清汤，营养价值更高。北京人吃杂面条讲究吃牛、羊肉，用牛或羊肉的老汤，加上黄花、木耳、口蘑做成羊肉氽或牛肉氽，浇在面上，吃起来味道鲜美、清香爽口、独具风味，就是一个字——"美"。北京有句老话叫"羊汤杂面——绝配"说的就是这种美食。

据说最好的杂面，要数河北饶阳的金丝杂面，距今已有300多年

的历史，因其薄如蚕叶、细如金丝而得名。相传在清朝中期，饶阳县东关村有一位叫仇发生的农民，以卖杂面为生。他为了使自己的杂面具有独特的风味，历经10年苦心钻研，经过800多次试验终于制成清香适口、风味独具的金丝杂面。道光年间，有个宫廷太监每次回家省亲，必到饶阳东关仇家杂面店买一些金丝杂面，作为礼品带回皇宫。自此，金丝杂面便成为"宫面"的一种。

饶阳金丝杂面配料讲究，主要有绿豆粉、白面、芝麻粉、鸡蛋清、白糖和香油6种原料按比例和成面，然后手工擀轧成纸一般的薄片，再用快刀切成细条，盘成把，晾干后再包装入盒。因整个过程全部是纯手工制作，产量极低。

现在市场上很难找到正宗的饶阳杂面了，虽然北京的商场、超市货架上仍摆放着不少品牌的杂面，但很少有按传统配方、工艺生产加工的真东西。一些以次充好、以假乱真的产品充斥市场，使杂面失去了原有的风味。

以经营各种杂粮面著称的百年老店"大和恒"重张开业后，在继承传统的同时，开发研制了"纯正绿豆杂面"，深受顾客欢迎。首先在选料、用料上一丝不苟，坚持按传统配方66%的绿豆面（纯绿豆），34%的小麦粉（高筋粉），混合后加一定比例的香油、鸡蛋清和面，这样做虽说加大了成本，但保证杂面原汁原味，货真价实；其次在工艺上，全部用手工制作，前店后厂，现制现售，保证面条新鲜。另外，按着现代人的要求，在原料配方上取消了白糖，糖尿病人照样可以食用。入冬以来，有些顾客一次买五六斤杂面条，营业员劝少买一点，怕时间长了吃着不新鲜。顾客说，自己只要1斤，其余送给朋友。

杂面条除去做主食单独吃外，和涮羊肉配在一起吃，风味独特，

味道鲜美。绿豆杂面不仅好吃，而且营养丰富。每百克绿豆含蛋白质 21.8 克，脂肪 0.8 克，糖类物质 59 克，粗纤维 5.2 克，钙 155 毫克，磷 417 毫克，铁 6.3 毫克，另外胡萝卜素、硫黄素、尼克酸含量也很丰富。绿豆的蛋白质是小麦面粉的 2.3 倍，小米的 2.7 倍，大米的 3.2 倍。中医认为绿豆味甘性寒，有利尿消肿、中和解毒和清凉解渴的作用。营养专家认为常吃绿豆杂面对人体降低血脂、血压都有一定的好处。

3. 浅谈"小米面"、"三条腿玉米面"的营养价值

随着生活水平的不断提高，人们不再把精米精面作为主食追求的唯一目标，而是更加关注吃得营养、吃得科学、吃得健康，要求合理的膳食结构。实践证明：适当地多吃一些粗粮，做到粗细搭配，对人体健康是十分有益的。

"小米面"、"三条腿玉米面"是"大和恒"入选"非遗"的两个招牌产品，有上百年的历史，不仅好吃，而且有极高的营养价值，是粗粮中的精品。什么是"小米面"和"三条腿玉米面"前文已作交待，本文不再赘述。

"小米面"、"三条腿玉米面"不仅好吃，其营养价值也是十分丰富的。可以从以下三方面分析：

首先，选料讲究，两种窝头面所用原料都是谷物中的珍品。糜子在我国有 6 千年的种植历史，《黄帝内经》、《本草纲目》中都有记述，糜子是"百谷之长"。糜子的蛋白质、脂肪、维生素 E、维生素 B_1、维生素 B_2，以及微量元素钙、镁、磷、铁的含量都非常丰富，同时含有人体必需的 8 种氨基酸和丰富的膳食纤维。黄豆的蛋白质含量居谷

物之首，高达 40% 左右，比瘦猪肉、牛肉、鸡蛋高两倍多；脂肪含量为 18%~20%，是鸡蛋的 2 倍，比牛奶高 5 倍。大豆中的亚油酸具有降低血中胆固醇的作用，是心脑血管病人的良好食品。玉米是世界公认的黄金作物。国外研究者发现，在非洲以玉米为主食的国家中，多发病（心脏病、糖尿病、脑溢血等）比欧美发达国家少得多。玉米中的纤维素，比精米、精面高 4—10 倍，可加速肠部蠕动。玉米还有降低胆固醇、吸收人体葡萄糖的功能，玉米的营养成分对人体健康不可低估。大和恒的"小米面"、"三条腿玉米面"以上述三种粮食为主要原料，坚持到产地采购当年的新粮，再经传统工艺加工，既保存了谷物的香味，又使营养成分不流失，是难得的粗粮中的精品。

其次，配方合理，提倡多种粮食混在一起吃。"小米面"的主要原料是糜子米和黄豆；"三条腿玉米面"的主要原料是白玉米、糜子米和黄豆。这种混搭的形式，不仅能提高粮食的品质，同时能提高人体的消化吸收率。以蛋白质为例，大豆中含有较丰富的完全蛋白质，玉米中所含为不完全蛋白质，若玉米与大豆同时吃，人体就能将两者所含的氨基酸摄合，形成完全蛋白质，满足人体的需要。近年来，营养专家研究证明，粮食混合食用比单一食用人体对蛋白质的吸收率要高。单纯吃玉米或大豆，人体对蛋白质的吸收率分别为 60% 和 64%，如果按玉米和大豆 3∶1 的比例混合，做成食品，食用后人体对蛋白质的吸收率可达 76%。所以要提倡吃北京传统主食——杂合面窝头。大和恒"小米面"、"三条腿玉米面"就是最好的杂粮窝头面。多年来我国广大农村老百姓有喝豆粥、吃豆饭习惯，也是这个道理。

第三，"小米面"、"三条腿玉米面"含有丰富的膳食纤维，对人体保健有不可忽视的作用。2009 年北京市营养源研究所对大和恒"小

米面"、"三条腿玉米面"进行的质量检测表明,这两种窝头面不仅蛋白质、脂肪和矿物质含量高,膳食纤维含量更加丰富,每百克"小米面"中含量为8.21克,每百克"三条腿玉米面"中含量高达10.05克。膳食纤维素有利于保障消化系统正常运转,同时有降低血液中低密度胆固醇和甘油三酯的浓度,增加食物在胃里的停留时间,延迟饭后葡萄糖吸收的速度,降低高血压、糖尿病、肥胖症和心脑血管疾病的风险。

重张开业的大和恒在坚持"小米面"、"三条腿玉米面"质量的同时,还研究出一套蒸制窝头的宝典。用500克的"小米面"(或"三条腿玉米面")加入3克小苏打,用250克40℃的温水和面,饧20分钟,做7个窝头,用旺火蒸制40分钟,就能蒸出既美味又营养的窝头了。

4. 清热解毒话绿豆

在炎热的夏季能喝一碗绿豆汤,吃点绿豆稀饭,实在是有益人体健康的好事。

绿豆是喜温作物,在温带、亚热带、热带高海拔地区被广泛种植,其中印度、中国、泰国、菲律宾等国家栽培很多。世界上绿豆种植面积最大的国家是印度,出口量最大的国家是泰国。

绿豆在中国已有2000多年的栽培历史,早在《吕氏春秋》、《齐民要术》等书上就有关于绿豆种植的记载。近年来绿豆在我国全国各地都有种植,产区主要集中在黄淮河流域及华北平原。目前北京市场上最多的是内蒙古天山、吉林白城及河北产的绿豆。

绿豆有绿(深绿、浅绿、黄绿)、黄、褐、蓝青色4种颜色。在各色绿豆中,又有明绿豆、毛绿豆之分。明绿豆表面有光泽,沙性较小,

不易煮烂，出芽率高，除一般食用外，最适合生豆芽菜。毛绿豆表皮无光泽，沙性大，易煮烂，适合煮绿豆汤，制作绿豆糕、豆馅或豆粥。

绿豆的营养价值很高。据科研部门测定，每百克绿豆含蛋白质21.8克，脂肪0.8克，碳水化合物55.6克，粗纤维5.2克，钙155毫克，磷417毫克，铁6.3毫克，胡萝卜素0.18毫克，核黄素0.14毫克，尼克酸2.4毫克。其中蛋白质是小麦面粉的2.3倍，小米的2.7倍，大米的3.2倍。绿豆中维生素B_1是鸡肉的17.5倍，维生素B_2是禾谷类粮食作物的2-4倍。

绿豆的蛋白质所含氨基酸比较完全。绿豆的赖氨酸含量是小米的3倍。不过绿豆的色氨酸、亮氨酸、蛋氨酸的含量较低，大约都只有小米的一半。到了夏季，民间多有食用小米绿豆粥或小米绿豆水饭的习惯，是非常科学的。绿豆和小米混合食用，其氨基酸可互相补充，从而使这两种食品的营养价值都有所提高。

绿豆药用价值很高，李时珍称绿豆是"济世之珍谷"。中医认为绿豆味甘性寒，有利尿消肿、中和解毒和清凉解渴的作用。我国民间历来就有用绿豆治病的做法，如用绿豆汤防止中暑；用开水冲服绿豆粉，解煤气中毒；把绿豆皮炒黄加冰片研末，治烫伤；对外伤红肿患者，用绿豆粉和鸡蛋清调敷患处，可消肿止痛；用绿豆马齿苋汤治痢疾、肠炎。老中医认为：绿豆的清热解毒作用"皮"重于"瓤"。绿豆皮装枕芯可明目去火。

现代医学认为绿豆含有生物碱、香豆素等生理活性物质，对人类的生理代谢活动具有重要的促进作用。绿豆皮中含有0.05%左右的单宁物质，有一定的抗菌、解毒作用。

由于绿豆的食用和医用价值很高，特别在夏季是家家户户必备的

食品。"大和恒"为了满足顾客的需求，入夏之前就备足了货，从内蒙古老三区调入的绿豆，不仅品种全，而且质量好，籽粒均匀、饱满、皮薄、色深，好煮，开锅就烂。来大和恒，您不仅能买到称心的绿豆，还能买到纯正的绿豆杂面条。您要是想用点绿豆面，大和恒前店后厂用石磨随时可以给您加工，每斤收取一定的加工费。您要是买了绿豆不知道怎么吃，大和恒的老营业员会教您几种绿豆的食用方法：

（1）绿豆汤。将绿豆洗净，放入锅内，加入适量凉水煮汤，大火五六分钟汤绿即可。代茶饮，可消渴去暑，利水消肿，清热解毒，防止中暑。

（2）绿豆粥。先将绿豆浸泡3-4小时，再与大米一同放入锅内，加入适量的水，煮至豆烂、米开、汤稠即可。如煮小米绿豆粥，应在开锅后下米。此粥不仅营养丰富，氨基酸搭配合理，且具有清热解毒、清暑止渴、降血脂等功效。

（3）绿豆芽。将一个塑料盒底部扎几个小孔，将浸泡后冒出小芽的绿豆放入盒中，盖上一块湿布。将小盒放在一个托盘上，绿豆上面压上重一点的东西，防止豆芽长得太细。每天早晚往小盒浇一次清水，让豆芽保持湿润并注意避光。夏季两天就能生好绿豆芽。绿豆芽比绿豆更有营养，更易于人体消化吸收。

5. 腊八粥的传说

农历十二月八日称之为"腊八"，民间有喝腊八粥庆祝丰收的习俗。我国喝腊八粥的历史已有一千多年，最早开始于宋代，每逢腊八这一天，不论是朝廷、宫府、寺院，还是黎民百姓都要做腊八粥。明代时用料

加江米、白果、核桃仁、栗子等煮粥。到了清朝，喝腊八粥的风俗更是盛行。在宫廷，皇帝、皇后、皇子等都要向文武大臣、侍从宫女赐腊八粥，并向各个寺院发放米、果等供僧侣食用。北京雍和宫的喇嘛熬粥最为壮观。皇帝派大臣监视，以昭诚敬。那里的锅特别大，一次可放上千斤米。在民间家家户户也要做腊八粥，祭祀祖先，同时合家团聚一起食用。

民间关于腊八粥来历的传说很多。传说一：据说在释迦牟尼成佛之前，曾经苦修多年，饿得骨瘦如柴，病倒在菩提树下。这时遇到一牧女，送他用五谷杂粮熬成的粥食用，他喝后恢复了体力，便端坐在菩提树下入定，于十二月八日成道。此后各地寺院每逢腊月初八都要用五谷和果实等熬粥供佛，效法牧女献粥，祭祀释迦牟尼修行成道。传说二：明太祖朱元璋小时候家里很穷，给地主放牛，经常吃不饱。有一天他忽然发现屋里有一鼠洞，扒开一看，里面有米、有豆，还有红枣。他把这些东西合在一起煮了一锅粥，吃起来十分香甜可口。后来朱元璋当了皇帝，又想起了这件事，便叫御厨熬了一锅各种粮豆混在一起的粥，吃的这一天正好是腊月初八，因此就叫腊八粥。传说三：宋代民族英雄岳飞坚持抗金，被奸臣秦桧诬陷，朝廷以"莫须有"罪名，连下十二道金牌召他进京。岳飞无可奈何，只得班师回朝，但半路上军粮供给不足，没有饭吃。沿途百姓听说后，家家送上粥饭，百家百样合在一起发给官兵，称之为"百家饭"。这一天正好是腊月初八。岳飞被害后，人们为纪念他，在每年的腊月初八这一天做"百家饭"，也称之为"腊八粥"。

至今我国华北、东北、西北、江南广大地区人民仍保留着喝腊八粥的习俗。各地喝腊八粥的花样，争奇竞巧，多不相同。最讲究的

要数北京，不仅米、豆的品种多，红枣、莲子、花生等辅料总计不下二十种。人们在腊月初七的晚上，就开始忙碌起来，洗米、泡豆、剥皮、去核。然后半夜时分开始煮，用微火一直熬到第二天清晨才算熬好。腊八粥熬好之后，要先敬神祭祖，然后要赠送邻居亲友，一定要在中午之前送出去，以示敬意，最后才是全家人食用。一锅腊八粥一般能喝上几天，取其年年有余之意。

　　北京的腊八粥，有粗粥、细粥之分。粗粥原料品种比较少，熬制方法也简单，把米、豆放在一起煮熟就成了。细粥就讲究了，"大和恒"推出的腊八粥料完全按照老北京传统细粥要求配制原料，熬制方法也非常讲究。原料包括：6种米，大米、小米、江米、黑米、高粱米、薏仁米；6种豆，有红小豆、绿豆、白芸豆、豇豆、红芸豆、奶花豆；10种果料，包括小枣、葡萄干、莲子、百合、枸杞子、花生米、核桃仁、栗子、桂圆、青红丝。共多达22种。有散装的，也有精美礼盒包装的。熬粥要求：（1）先将莲子去皮去心放入碗中加水浸泡，再放入蒸笼，用旺火蒸约一小时，取出备用。（2）将桂圆去皮、核，栗子剥去壳及衣。（3）锅内放入适量水，然后把浸泡6-8小时的各种豆（高粱米、薏仁米不好煮，要和豆放在一起）洗净倒入锅内煮，煮成半熟时，再将各种米洗净倒入锅内一起煮，待锅开后改用微火煮。待粥熬到七八成熟时，再把莲子及各种果料倒入粥内搅拌均匀，再熬20分钟即可。（4）盛入碗中，加入适量的糖、青红丝。这样一锅香甜滑润的腊八粥就熬好了。冬季吃一碗热气腾腾的腊八粥，既可口又营养，确实能增福增寿。这种五谷杂粮、果料熬制的腊八粥，不仅香甜可口，还有健脾、开胃、补气、安神、清心、养血等功效。其实，何止是腊八，平素喝粥，对老年人也是大有裨益的。

京华老号 大和恒

6. 粮食中的黑色家族

如今人们崇尚黑色食品，黑米、黑豆、黑芝麻、黑小米、黑小麦、黑花生更受人们的喜爱。

市场上的黑色粮油品种不仅好卖，价格也高出普通品种一大块，1斤普通的白米零售价只三四元，而1斤黑米的零售价至少要六七元。1斤白芝麻18元，而1斤黑芝麻卖到23元。1斤黄豆只四五元，而1斤青仁乌豆要13元左右，高出黄豆2倍多。人们喜欢黑色食品，那么黑色食品究竟好在哪，对人体健康真的有好处吗？这些都是人们所关心的问题。

（1）黑米

原产于我国秦岭南麓江汉北岸的陕西洋县。距今有2000多年的栽培历史。现在全国各省都有种植，但以陕西、湖北两地的品质最好。黑米素有"米中之王"之称。又称"黑珍珠"、"贡米"，誉为"补血开胃第一米"。黑色主要因为米的皮层，特别是糊粉层中含有大量的花青素，它是黑米的精华。有关专家测定陕西黑米的蛋白质含量高达11.8%，比普通大米高3.8个百分点。其16种氨基酸，B族维生素和硒等微量元素，均高于普通大米。湖北地区产的黑米，铁的含量是普通大米的6倍。明代医药学家李时珍《本草纲目》记载：黑米有滋阴补肾、健脾暖肝、明目活血等药用价值，长期食用能起到调理补益作用。而现代科学证实，花青素对于改善血管弹性、清除体内自由基、

预防肿瘤都有一定的作用。需要特别提醒的是，黑米不太容易煮烂，食用时需提前一夜进行浸泡。对于脾胃特别虚弱的人可以先用紫米进行补养，逐步再过度到黑米。

紫米与黑米是两个不同的品种，紫米有皮紫内白非糯性和表里皆紫糯性两种。紫米和黑米虽然都是天然的黑色食品，但性能和功效是有差异的，紫米较好煮烂，功效上侧重于滋阴养胃，而黑米侧重于补肾乌发。

（2）黑豆

黑豆是大豆的一种，起源于我国，种植历史悠长。黑豆的营养价值很高，其蛋白质38.6%、脂肪13.4%、膳食纤维14.1%，其他如烟酸、维生素B_1、维生素B_2、胡萝卜素及矿物质铜、钴、铁含量也很高。黑豆含有18种氨基酸，包括人体必需的8种氨基酸。黑豆中的不饱和脂肪酸含量达80%，人体吸收率达95%以上。李时珍在《本草纲目》中写道："大豆有黄黑青斑白褐粉色，唯黑色入药。"又说："服食黑豆，令人长肌肤、益颜色、填精髓、加气力、补虚能食。"可见黑豆营养保健功效之大。

大和恒供应的黑豆分小粒、中粒、大粒三个品种：

小粒黑豆主要分布在黄河流域，陕北、晋北是主产区，主要做饲料用。

中粒黑豆为食用黑豆，产自内蒙古、河北、河南、山东，可用来打豆浆、磨豆腐、生豆芽。

大粒黑豆因皮黑瓤青，也称青仁乌豆，可入药。辽宁西北彰武县产的最好，脂肪含量18.6%，蛋白质含量41%。

黑豆的食用方法很多，下面介绍几种简单易行的方法：

① 打豆浆。把泡好的黑豆加入三分之一的燕麦米打豆浆口感更好，并且有降脂功能。

② 泡醋。用微火把黑豆炒15分钟（经炒后黑豆好消化，并减少豆腥味），放凉后加入米醋泡15天即可食用，每天15粒，有降脂作用。

③ 黄芪黑豆汤、黑豆炖鳗鱼、黑豆狗肉汤、黑豆鲤鱼汤、羊肾黑豆杜仲汤等都有补肾补阴、活血化瘀之功效。

黑豆虽好，但肾脏病人不宜食用。

（3）黑小米

各地产的黑小米，颜色各有不同：山西产的为黑绿色；陕西产的为灰色；辽宁、内蒙古产的为青灰色。黑小米中蛋白质含量为9%、脂肪含量为3.1%、膳食纤维含量为1.6%，比普通小米略高一些。另外，黑小米的支链淀粉含量丰富，所以熬出粥来更加黏稠。

选择黑小米要选发亮、颜色黑紫的，颜色越深越黑的表明质量越好。有黑色米脐的是没有染过色的，可以放心食用。黑小米的食用方法与黄小米相同，前文已经说过，本节不再赘叙。需要特别提醒您的是，小米贮存怕光不怕热，应避光保存。

（4）黑小麦

黑小麦是近年来山西省农业科研部门研制的新品种。黑小麦的蛋白质含量比普通小麦高1倍，它的花青素、纤维素、矿物质远远高于普通小麦（见营养对比表）。

营养对比表

		黑小麦	普通小麦
黑小麦的蛋白质含量约17%（普通小麦8.3%）	苯丙氨酸	约6倍	1
	色氨酸	约15倍	1
矿物质	钙	约4倍	1
	铁	约12倍	1
	镁	约15倍	1
	其他	硒碘丰富	少
膳食纤维		约3倍	1
其他		抗氧化的阿魏酸含量丰富（能清除自由基）	少

需要指出的是，食用黑小麦籽粒，比磨成面粉做馒头、烙饼、面条更富于营养。下面介绍两个食疗配方：

① 消脂饮配方（七日量）

黑小麦100克、薏仁150克、茯苓150克、山药150克、大米25克。做法是洗净、炒熟，混合后磨粉，开水冲服即可。

② 修复血管食疗配方（七日量）

黑小麦100克、黑米50克、核桃100克、黑豆100克、莲子100克、山药50克、西洋参15克、大枣25克。做法是，洗净、炒熟、磨碎，

冲服或放入豆浆机中打碎食用。

（5）黑花生

黑花生指的是花生米的外皮是黑色的，外部的硬壳仍然是黄白色的。黑花生是新品种，山东、河北、辽宁、京津地区以及四川都有种植。黑花生食用比普通花生口感更好，更加香脆。黑花生更有营养，与普通花生相比，蛋白质含量高5%、矿物质硒高1倍、锌高50%、钾高18%。黑花生最大的特点是富含花青素，具有抗氧化、抗衰老、提高人体免疫力的功能。

黑花生的外形特点是细长，两头有尖，选择外皮完整、颜色较深紫黑色的为好。黑花生可生吃，每日10粒有助消化，有养胃作用；在黄豆中加入20%黑花生，打豆浆口感更好；熬粥、炖菜也是不错的选择。最好不要煮食，以避免水溶性花青素的流失。

（6）黑芝麻

芝麻又称胡麻，有黑白之分，原产于南非热带草原，在我国栽培芝麻的历史，至少已有二千多年了。河南、湖北、江西、安徽四省种植较多，是我国芝麻的集中产区。

芝麻营养价值丰富，脂肪含量约52.57%，蛋白质含量约22%，粗纤维含量约5.77%。我国古人曾有"一饭胡麻几度春"之说，把芝麻与稻、黍粮食作物并列，当作重要的食品。

黑芝麻药食同源。黑芝麻富含油酸、亚油酸，有降低血胆固醇、甘油三酯、低密度脂蛋白胆固醇的作用；黑芝麻富含蛋白质和维生素，蛋白质为完全蛋白质，含有人体必需的8种氨基酸；黑芝麻中维生素

E 含量较高，有抗氧化、清除人身内自由基的作用，可延缓衰老。《名医别录》中有"黑芝麻补中益气，润养五脏，利大小肠"的记载。经常食用可使白发返黑、肌肤美容，促进人体发育。

黑芝麻的食用方法非常简便，取黑芝麻在锅内炒到开口，关火后加少量食盐，吃饭、菜、汤加入两勺即可。

食用黑芝麻的几个民间验方：

① 黑芝麻加冰糖捣碎，开水冲服治干咳无痰；

② 生吃黑芝麻能治口腔溃疡；

③ 黑芝麻、核桃按2∶1配制，炒熟后研磨粉冲服，能止咳平喘。

需要特别指出的是，黑芝麻的色素与上述的几个黑色食品（黑米、紫米、黑豆、黑花生）不同，比较特殊（有点像黑小米），到目前为止，还没有查明它的确切结构。黑芝麻在水中也会掉色，但它不具备遇酸变红、遇碱变蓝的特征。购买时，您可以看它的颜色是否自然，也可以用湿纸巾揉搓，如变化不大是没染过色的；如迅速掉色可能就是染色芝麻，要格外小心。

7. 备受青睐的健康食品燕麦

2012年，被世界卫生组织评为全球十大健康食品之一的燕麦，近年来越来越受到人们的青睐。

燕麦又叫莜麦、玉麦、铃铛麦，有皮燕麦、裸燕麦之分。燕麦是我国古老传统栽培的农作物，已有两千多年的历史。燕麦生长在海拔1400-1600米的高寒地带，抗旱能力强。我国有句农谚"只要浇上水，就能吃一嘴"，可见燕麦有适应多种自然条件的本领。内蒙古是我国

燕麦的主产区，山西、河北、甘肃也有较大的种植面积。

莜面（燕麦粉）营养价值非常高，蛋白质含量15%左右，比大米、面粉、玉米面高1.6-2.2倍。脂肪含量8.5%，比面粉、大米、玉米面高2倍到3.5倍。它的维生素及矿物质、钙、磷、铁含量也高于其他粮食。100克的莜面所释放的热量相当于同等数量的猪肉和肥羊肉的热量。有一只民谣说"三十里的莜面，四十里的糕（指黍子面油炸糕），十里的荞麦饿断腰"，意思是吃了莜面能走三十里路，吃了油炸糕能走四十里路，而吃了荞麦面连十里路也走不完就饿了。可见吃莜面是非常耐饥饿扛时候的一种食品。莜面含糖分少，含蛋白质多，是糖尿病患者的较好食品。燕麦的药用价值很高，燕麦中的β葡聚糖对高血脂症的预防和治疗有明显作用。中国农科院与北京18家医院临床研究证明：服用23个月燕麦（日服100克），明显降低胆固醇、甘油三酯，有效率达87.2%。总胆固醇下降13.5%，低密度脂蛋白胆固醇下降15.4%，高密度脂蛋白胆固醇上升8.6%，能双向调节，达到药物治疗的水平，无毒副作用。

莜麦面是一种较特殊的杂粮品种，从加工到食用必须经过"三熟"，即在磨面前要把原粮炒熟，制作时要用沸水将面烫熟，然后再放入笼屉蒸熟。如不经过"三熟"的食品，不仅不容易消化，甚至会引起腹痛或腹泻。

讲到这里，还有一个小故事呢。2012年深秋采购莜面，我们来到张家口万泉县一家莜面馆领略了一次纯正的地方风味。老板娘给我们上了"猫耳朵"、"莜面卷"、"面鱼鱼"各一笼，调料是醋蒜一小碟和一碗蘑菇肉丁打卤。须叟，莜面的滋腴油香扑鼻而来，别具风味，美不胜收。这纯正的莜面（市场上多为加入玉米淀粉）香味，使我久久不能忘怀。

燕麦的吃法很多，燕麦米可煮粥、焖饭。燕麦片食用快捷方便，已风靡欧美国家。大和恒供应的燕麦片分即食和煮食麦片。其实两种麦片营养成分没有区别，加工工艺也基本相同，只是即食麦片压得薄，食用时加入煮好的牛奶、豆浆中，再焖两三分钟即熟，而煮食的麦片压得厚，需煮五六分钟才能食用。

燕麦虽好，但不好消化，一次食用不要过多，特别是脾胃虚寒的人更要慎用。

8. 你知道藜麦吗

2014年，大和恒所售杂粮中又增加了一个新品种——藜麦。藜麦产自南美洲海拔4000米的安第斯山，秘鲁、智利、阿根廷都有种植，至今已有五千年的栽培历史。藜麦产量低，每公顷只有400-500公斤，我国山西等地从2007年开始试种，现在已有少量产品投放市场。

藜麦营养丰富，蛋白质含量16%~22%，与奶粉、肉类（牛肉为20%）相当，人体所需的8种氨基酸都有，尤其是谷物中缺少的赖氨酸含量丰富；藜麦富含不饱和脂肪酸、类黄酮物质、B族维生素、维生素E及矿物质钙、磷、铁含量丰富；它的膳食纤维高达7.1%。每100克藜麦产生热量为305千卡，升糖指数为35，是一种低脂肪、低热能、低糖的高营养作物。

藜麦口感独特，有淡淡的坚果的清香味或人参香味。适合高血糖、高血脂、高血压、心脏病，老人、儿童、孕妇、产妇食用。藜麦是人类安全、营养、健康的天然食品，被誉为"营养黄金"、"超级谷物"。联合国粮农组织曾将2013年定为"国际藜麦年"。

藜麦有多种食用方法："藜麦山药粥"，将藜麦提前泡3小时，与大米同煮，开后转入中火煮15分钟，加入山药再煮20分钟，最后加入枸杞、精盐，味道鲜美，营养丰富；"藜麦土豆饼"营养丰富，风味独特；"藜麦茶"可长期饮用，降脂、降糖，无副作用。

9. 健康的生态食品青稞

大和恒经营的青稞中有包装的、散装的，有西藏产的也有青海产的。其实最初经营目的只想为少数民族朋友提供方便，可现在大家也逐渐体会到这是一种不错的健康食品，买的人越来越多。

青稞是大麦的一种，为六棱裸粒大麦。青稞主要分布在我国西藏、青海、四川、云南、甘肃等地区，生长在海拔4200-4500米的高寒农作物区。青稞营养丰富，蛋白质含量为10.2%，脂肪为1.5%，硫胺素、核黄素、尼克酸、维生素E含量都很丰富。青稞有利于人体生长发育，是适宜人体新陈代谢和生理机能的食品。在高寒缺氧的西藏，平均每百万人中就有44名百岁老人，是长寿老人最多的省区之一。据《本草拾遗》记载，青稞入药味咸性平凉。其主要功能是下气宽中、壮精益力、除湿发汗、止泻。现代科学研究发现，青稞中的β-葡聚糖含量高达6.57%，是小麦平均含量的50倍。β-葡聚糖有多种健康功能，尤为突出的是能够控制血糖水平。西藏人民很少得糖尿病，与其食用青稞食品有很大关系。

青稞的食用方法很多，藏族同胞用青稞籽粒炒熟后磨成青稞粉，制成"糌粑"，江浙等地将青稞米或压成片与大米同煮粥。大和恒研制的青稞馒头，是把30%青稞粉加入小麦粉中，口感好，粗粮细作，

可长期食用。按照这个比例,用青稞粉烙饼、蒸发糕、做面条也都可以。

10. 亚麻籽油的营养价值

经常会有一些顾客问:"哪种油最好?价格最贵的油是不是最好的油?"回答是:"最贵的油未必是最好的,需要的才是最好的。"

现在市场上供应的植物油,琳琅满目,多达几十个品种:有40多元一桶的5升装大豆油、有70元左右一桶的5升装的调和油、有130多元一桶的5升装的花生油,还有500毫升一小瓶就卖200元的橄榄油。此外,还有亚麻籽油、小麦胚芽油、玉米胚芽油、菜籽油、葵花籽油等等。

对食用油品种的选择,有区域消费习惯的区别。比如北京人喜欢吃花生油;东北人偏爱大豆油;南方人爱吃菜籽油。应该说这些植物油对人体的健康都是有利的,选择油脂关键是讲究平衡。什么是平衡?早在1977年联合国粮农组织和世界卫生组织就提出:人体摄入的饱和脂肪酸、单不饱和脂肪酸、多不饱和脂肪酸比例达到1:1:1,有助于人体的营养均衡。2000年10月中国营养学会正式公布中国居民多不饱和脂肪酸摄入推荐比例为 ω-6脂肪酸:ω-3脂肪酸=4:1。然而遗憾的是,现在我们的实际摄入比例仅是25:1,ω-3脂肪酸的摄入量严重不足。

ω-3脂肪酸是人体必需的脂肪酸。人体一旦缺乏 ω-3脂肪酸,就会引起脂质代谢紊乱,导致免疫力下降,智力发育迟缓、健忘、视力减退、动脉粥样硬化等症状的发生。

产自内蒙古、甘肃、黑龙江的亚麻籽油(也称胡麻油)含 ω-3脂肪酸高达45%,是植物油中含量最高的。号称西方第一油的橄榄油,ω-3

脂肪酸含量仅为0.8%。2012年的秋天，笔者陪公司董事长到内蒙古自治区中部的锡林郭勒盟考察。锡林郭勒盟地势南高北低，多低山、丘陵、平原、盆地。河流多为内流河，泉水遍布，是我国著名的天然原生态草场。锡林郭勒盟属于中温半干旱大陆性气候，年降水量200-300毫米，5-8月太阳辐射约占全年45%，地势平坦、开阔，土质好，最适合胡麻的生长。

锡林郭勒盟昼夜温差大，害虫无法生存，胡麻生长不用农药，千百年来当地农民还在沿用传统的耕作方式，种植胡麻不施化肥，这就保证榨出的胡麻油自然本色，原味浓香。由于当地没有工业，只有农牧业，绝对没有污染。

考察中我们还了解到，由于这里产的亚麻油品质好，保质期也长，超过了国家规定的18个月，可以在不密封的容器里存放两年不坏。

当地农民有吃熟油的习惯，熟亚麻油香味浓，颜色不好看，平常在室内看是黑的，对着阳光看是红褐色的。现在市场多见为低温冷榨的，在室内看为土黄色，对着阳光看黄中泛着微红。

这次考察，我们与当地一家企业签订了合作关系，生产"大和恒"牌亚麻油。目前大和恒店里及网络销售的亚麻籽油，有生油、熟油，500毫升、1.8升、5升的都有。

亚麻籽油最好生吃，凉拌菜。炒菜油温不宜超过45℃，温度高了会有少量鱼腥味。亚麻籽油是可以喝的油，每天7-10毫升，有益健康，可以直接喝，也可以加在炼乳、酸奶中饮用。

11. 忆苦思甜话榆皮

上了年纪的人，对解放前及解放后三年自然灾害时期，吃树叶、

啃树皮的场景是不会忘记的,如今这种生活已经一去不复返了。然而在大和恒的诸多杂粮品种中,摆放着一种叫"榆皮面"的东西,使不少人驻足。

"榆皮面"即榆树皮及根晒干后磨成的面,呈棕褐色。价格不菲,每市斤售价25元,比白面、大米都贵。除大和恒,别处不太容易见到。

过去穷人吃不起白面,要改善生活就吃高粱面、玉米面、荞麦面做的饺子、面条、饸饹等,这时榆皮面就派上了用场。榆皮面胶性强,是非常好的黏合剂。1斤高粱面中加入1两,就可以包饺子、压饸饹,不破皮、不断条。经专家鉴定:榆皮面含有丰富的膳食纤维,B族维生素,硒、锌等矿物质含量也很丰富,具有抗氧化的功能,适合肥胖、糖尿病人食用。榆皮面适合和其他杂粮面一齐食用,也可以单独食用。如今人们注意养生保健,适当地吃一些榆皮面是有益处的。但对于肠胃不好、大便干燥的人要慎用。

12. 新疆明珠鹰嘴豆

新疆许多80多岁的维族老人,身体依然健壮,与他们经常爱吃的一种食品是分不开的,那就是新疆的特产——鹰嘴豆。

鹰嘴豆,因其籽粒外形酷似鹰头而得名。鹰嘴豆起源于西亚和地中海沿岸,至今约有7000年的栽培历史。我国新疆、青海、甘肃、云南等地有少量种植,以新疆产的品质为最好。长期以来,新疆天山南北维吾尔族居住区,有种植和食用鹰嘴豆的习惯。

目前,市场上能见到的鹰嘴豆有两种:白色的表皮平展的叫"卡布里",褐色的有较深腹沟的叫"迪西"。鹰嘴豆的营养成分较全面,

其蛋白质含量为23%，人体所必需的多种氨基酸都有；脂肪含量5.3%，其中不饱和脂肪酸含量达90%以上；膳食纤维含量19%；钙含量每100克达280毫克，居豆类作物榜首；磷、镁、铁、锌及维生素A、维生素B_1、维生素B_2、维生素B_6、维生素E含量也很丰富。

鹰嘴豆有较好的药用价值，已分别被编入《中药大辞典》和《维吾尔族药志》。其主要功能为补中益气、温肾壮阳，主消渴，解面毒和润肺止咳。

鹰嘴豆虽然好，但不少人不会吃。现在给您介绍几种最简单的家庭食用方法：

① 煮粥焖饭。把鹰嘴豆提前泡一夜，然后和大米同时下锅煮粥焖饭都可以。

② 制成豆乳粉。在烤箱中将鹰嘴豆烤熟，用粉碎机粉碎后，加入奶粉中制成豆乳粉，用开水冲即可食用。

③ 做休闲食品。把鹰嘴豆提前泡一夜，晾干后或炒或炸均可，香脆可口，风味独特。

④ 做面食。将鹰嘴豆磨成粉后，按30%的比例加入小麦粉中，做馒头、面条、烙饼均可，有板栗香味。

13. 八珍之首芡实

"芡实"俗称"鸡头米"，居太湖八珍之首（芡实、莲子、荸荠、菱角、慈菇、莼菜、银鱼、白虾），近年来江苏的马湖区洪泽县境内有大量种植。北方不多但也有种植，是白洋淀三宝（芒子、鸡头、老菱角）之一。

"芡实"有红、白之分，红色的好于白色的。"芡实"营养丰富：蛋白质含量 11.8%，脂肪含量 0.2%，碳水化合物 75.4%；每 100 克芡实中含量钙 21 毫克、铁 9.6 毫克、磷 264 毫克。

现存最早的中药学专著《神农本草经》把"芡实"列为上品。"芡实"味甘性平，入心、肾、脾、胃四经。"芡实"补虚作用强，适合身体虚弱者食用。有调理精液、补益中气之功效，长期食用能促进儿童增长，令老年人延年益寿。据传，唐宋八大家之三苏（苏洵、苏轼、苏辙）把经常食用芡实作为养生秘诀，父子三人不仅长寿，而且到晚年依然耳聪目明，思维敏捷，智力超群。

芡实每市斤售价 50 多元，是杂粮中最贵的品种。购买时您要选择：色泽鲜明、形状圆整、大小均匀，无破损、无异味的。嚼一粒有松脆感，说明水分含量已经达到安全标准了，您可以放心选购。

芡实的果皮比较坚硬，食用时提前泡一夜，然后与大米同煮熬粥、焖饭都可以；也可以炖菜、煲汤。用微火把芡实炒熟，每天吃一些（一般在 10 粒左右）可以预防糖尿病。

芡实虽然生长在水中，但它属于平性偏温的食品，便秘、腹胀的人要慎用。

14. 天价大米胭脂稻

严格说来，胭脂稻从上个世纪 60 年代开始就在中国大地上消失了。近年来经过反复试种才获得成功。2013 年又出现在北京大和恒粮行的货架上，售价每公斤 4000 元，比进口的日本"越光"顶级大米还贵上 10 倍。

稻米，对百姓来说再平常不过了，随处可见。可是知道胭脂稻的人就不那么多了。

昔日贡米 出身显赫

关于胭脂稻米历史的传说颇多，我认为比较靠谱的还是《玉田县志》的有关记载。明万历十三年（公元1585年），尚宝少卿徐贞明奉旨到京东营田植稻，在他的督促指导下，玉田县小泉、大泉等地开辟稻田数十顷。这一带气候温和，土壤肥沃，灌溉稻田之水属冷山泉水，非常适宜水稻生长。由江浙一带引进的稻种中，有少量禾穗迥异，粒如朱砂，气香而味腴，经多年反复试种，品质优异的胭脂稻脱颖而出。

自此，胭脂稻一直是明清两代朝廷贡米。文学巨著《红楼梦》中，有三处提到了胭脂稻。第七十五回，书中详细记录了贾母到宁国府做客，"贾母问有稀饭吃些罢，尤氏早捧过一碗来，说是红稻米粥；贾母接来吃了半碗，便吩咐将这粥送给凤姐儿吃去。"从这个细节可以清楚地看出，胭脂稻之珍罕。

品质优良 誉满华夏

胭脂稻外形呈椭圆形，粉红色，顺纹带有紫红色的米线。用这种稻米做成饭，具有特殊的清香味，食后回味，仍然余香满口，令人吃了还想吃。不仅如此，这种稻米还有"回锅三次而不烂，每次回锅增一分"的特点，剩饭再热不仅色香犹存，而且每次回锅，米粒都伸长一点。所以，老百姓又叫它"三伸腰"大米。

胭脂稻营养丰富，经检验，胭脂稻所含18种氨基酸比普通稻米高出1.5倍；其矿物质含量也很突出，每100克胭脂稻中含钾1948毫克、含铁30.5毫克，比普通稻米高出2倍多，含镁2062毫克，比普通稻米高出6倍。胭脂稻易于消化，是孕妇、产妇及老人、儿童理想的主食。

药膳佳品　烹饪独特

胭脂稻米质坚硬，煮粥做饭不同于一般大米，费时费工，只有功夫到了才能做出美味佳肴。下面介绍两种煮粥的方法：

其一，将60克胭脂稻浸泡4-6小时，放入锅中加水大火煮开20分钟后转入小火，慢慢熬1个半小时左右，粥黏稠后放入小枣10枚、少许红糖，继续小火熬15分钟即可食用。

其二，100克胭脂稻米加水1100毫升，碱少许，放入高压锅内，待高压锅放气18分钟后停火，自然冷却后即可食用。

胭脂稻还是药膳中不可或缺的重要食材。食用方法多种多样，可根据个人体质选择。

补血养颜羹

材料：胭脂稻200克，玉米50克，枸杞10克，食用碱2克，水2200毫升。

做法：将上述材料洗净一起加入高压锅文火煮，高压锅放气后20分钟即可食用。

点评：有补血益气作用，常食可令面色红润，皮肤细腻。

京华老号　大和恒

生津止渴芦根粥

材料：芦根30克，胭脂稻200克。

做法：芦根加清水1500毫升，煎煮至剩1000毫升，去渣，加入胭脂稻，高压锅文火煮，放气后30分钟即可食用。

点评：经常食用，有清血生津止渴之功效。

胭脂乌鸡煲

材料：乌骨鸡1只，胭脂稻200克，水2500毫升，老姜4片，葱、八角、花椒、盐适量。

做法：胭脂稻洗净，加水和调料在高压锅中开锅煮15分钟，加入乌鸡再煮15分钟即可食用。

点评：有强脾健胃、消食活血之功效。

胭脂稻黏性强，易生痰。发热咳嗽、痰稠黄及肠胃功能弱者不宜多食用。

15. 甜荞、苦荞两相宜

荞麦原产于亚洲西南部湿润山区，我国是出产荞麦的故乡之一。荞麦种植分布很广，我国是荞麦生产大国，面积和产量居世界第二位。

荞麦根据籽粒的食用品质分为甜荞和苦荞两类。

甜荞籽粒呈三角形，表面光滑，黑色或银灰色。我国甜荞主要分布在内蒙古、陕西、山西、甘肃、宁夏等地。

甜荞的营养丰富，蛋白质含量为 11.9%，脂肪含量为 2.4%，糖类物质含量为 63.8%，纤维素含量为 10.3%，灰分含量为 2.1%。荞麦面的维生素 B_1 和 B_2 比面粉多 2 倍，烟酸多 3 至 4 倍。甜荞还含有其他谷物所不含的叶绿素和芦丁，能促进人体对食物的消化和吸收，有利于人们的身体健康。

因为荞麦所含的烟酸和芦丁都是治疗高血压的药物，所以在以荞麦为主食的地方，人们几乎不知道高血压是怎么回事。中医认为荞麦性味甘凉，能降气宽肠、健胃止痢，外用时可治丹毒疮肿。民间也有用荞麦面治羊毛疗的。

荞麦现在被誉为"高营养的健康食品"。荞麦米与大米、小米等掺在一起熬粥焖饭均可。我国人民食用荞麦以粉为主，荞麦面可以制作面饼、菜团子。因荞麦面的黏性很差，在我国北方人们常以小麦粉混合制作荞面条，俗称"河漏"，是很有特色的地方风味食品。北京人喜欢吃的小吃"扒糕"，荞麦面便是其主要原料。夏天食之清凉解暑，别有一番风味。

苦荞又称鞑靼荞麦，在我国主要集中在云南、四川、贵州、西藏、甘肃、陕西、山西等海拔 1500-3000 米的高寒山区和高原地区。

苦荞米有黑色、褐色等不同颜色，呈三棱形，有三条深沟，先端渐尖。苦荞有很高的营养价值和药用价值，苦荞含有苦味素，制成食品略有苦味，苦味素有清热解毒、消炎作用。苦荞蛋白质中含有 19 种氨基酸，尤其是 8 种人体必需氨基酸含量都高于小麦、大米和玉米。苦荞中的生物类黄酮物质含量是甜荞的 10 倍。苦荞中还含有大量的膳食纤维，在减肥、降血脂及降血糖方面都有极大的作用。

苦荞易被人体消化吸收。苦荞米可加入其他米做苦荞米饭或苦荞

米粥。将30%苦荞面加入小麦粉中，做馒头、面条、发糕等，既营养又健康，风味各异。把适量苦荞米加入红烧肉中，可降低肉中脂肪含量，是主副搭配、粗细搭配的好方法。

16. 与众不同的营养配比粥

2011年，"大和恒"与"中国中医科学院"共同开发研制了十种营养配比粥（严格地说应该叫粥料，即熬粥的原料）。这十种粥包括："太极益寿粥"、"五行养生粥"、"太白无忧粥"、"甜梦莲子粥"、"百合杏仁粥"、"和中山药粥"、"飞燕养形粥"、"养颜润通粥"、"富贵万全粥"、"益生再造粥"。这十种粥配方科学，选料讲究，营养丰富，自上市以来受到顾客、特别是老年顾客的欢迎，现在产品远销天津、上海、南京、武汉、广州、重庆、沈阳等20几个城市。

食粥在我国已有数千年的历史了，古时称粥为"糜"，《说文解字》载："糜，糁也。从米，麻声。"我们的祖先5000年前已经开始食粥，它伴随着中华文化的传衍至今。粥不仅是寻常百姓餐桌美食，也是诗人雅士的笔下素材，宋代诗人陆游作《食粥》诗："世人个个学长年，不悟长年在目前。我得宛丘平易法，只将食粥致神仙。"注重食粥养生的陆游活到85岁。大文豪苏东坡也有诗颂粥："镂姜屑桂浇蔗糖，滑甘无比胜黄粱"，将粥比作琼浆玉液的神仙美食。清代著名医学家王士雄在他的著作中称粥为"天下第一补物"。

如今，城市中的粥铺盛行，超市里的各种粥空前丰富。喝粥成为养生、休闲的时尚，古老的美食正在现在社会中大放光彩。正因为粥具有非常好的补养作用，因此治病、防病的养生粥，就成为一种安全、

简易的食品，为大众所接受。

大和恒粮行推出的"营养配比粥"与众不同，具有三大特点：

一是配方科学，传承久远

大和恒粮行的"营养配比粥"是中国中医科学院多位医学专家、营养专家，在我国古代食疗验方的基础上，结合现代医学、营养学的研究成果，经反复论证、反复实践研制而成的。这些粥方是多位专家多年潜心研究的成果，具有传承性、科学性、权威性。所谓"营养配比粥"，就是以谷类为主，配合豆类、坚果、药物（此药物均为药食同源之药物，下同）等制成稀饭。"营养配比粥"是在中医学理论指导下，将粥应用于强身延年、防治疾病的一种食疗法。"营养配比粥"一方面使用大量补益脾胃五谷，促进气血化源，滋养五脏，培补正气；另一方面将调理药物入粥食用，避免了药物的偏性，减轻脾胃损伤，使祛邪而不伤正。因此，擅长于脾胃调理的"营养配比粥"是调养病疾的首选。

二是辨体论食，针对性强

大和恒十款"营养配比粥"分别针对失眠、经常饮酒、大便溏泻、吸烟者、易感冒者、便秘者、肥胖者、三高人群、癌症高危人群等，以及由于人们衣、食、住、行、娱乐等日常生活中的不良行为和社会、经济、精神、文化各方面不良因素导致的生活方式病。不同人群可针对情况"辨体论食"对号入座。如"三高"人群适合经常食用"富贵万全粥"；肥胖人群适合经常食用"飞燕养形粥"；"甜梦莲子粥"则适合失眠多梦的人；"太极益寿粥"和"五行养生粥"，久食可调

京华老号 大和恒

养五脏，增强机体免疫功能，延年益寿。"营养配比粥"除儿童外，适用于所有人。

三是选料讲究，营养丰富

大和恒"营养配比粥"所用食材，无论米、豆，还是坚果、药材，全部选用上等原料，无一不是精品。采购加工中坚持"产地进货，品质优良，加工精细，货真价实"的原则，粥料中经常用到的几种谷、豆，如山西的小米、广西的薏仁米、四川的苦荞麦、贵州的赤小豆、新疆的鹰嘴豆、辽宁的青仁乌豆等全部都是国内的知名产品。购进后再经过风、去石、除杂、色选、抛光等物理方法加工，使米豆粒粒饱满、色泽鲜亮、大小均匀、气味纯正。您可以放心食用。

"营养配比粥"是一种全新的食疗食品，具有调理机体和滋补脏器双重功效，同时也是您餐桌上的一道营养丰富的美食。

二、米、面、粮、油您选对了吗

1. 常吃杂粮有益健康

（1）为什么要吃点杂粮

随着人们生活水平的日益提高，人们对精米精面备加青睐。但从营养角度而言，长期食用精米精面会给人体的健康带来不利影响。近年来我国的糖尿病、肥胖症、心脑血管疾病、结肠癌等富贵病的发病率大大提高，究其原因，与膳食结构不平衡，过多地食用过精过细的粮食密切相关。

杂粮，俗称五谷杂粮，在中华民族的饮食文化中占有非常重要的地位。实践证明，吃五谷杂粮可"治百病"。五谷杂粮的说法有相当久远的历史，中国人以粮食谷物为主体的饮食习惯已经沿袭了数千年。早在两千年前的《黄帝内经》一书中，就提出了"五谷为养，五果为助，五畜为益，五菜为充"。

通常人们认为稻米和小麦是细粮，而粗粮、杂粮就是除此以外的其他粮食。因此，今日我们所说的五谷杂粮其实是一个大家族，包括

了多种谷类、豆类和薯类食物，如玉米、谷子、糜子、大麦、燕麦、青稞、荞麦、甘薯、马铃薯、绿豆、小豆、蚕豆、豌豆、芸豆等等。曾经，这些杂粮被认为是一种口感粗糙、在困难时期填饱肚皮的食品，是温饱年代的象征物，而如今其已蜕为新时代的营养新宠。

具体来说吃杂粮至少有三方面的优势：

第一，补充只吃精米、精面等细粮营养不足的问题。

白面、大米的主要成分是碳水化合物和少量的蛋白质，主要解决人体的热能问题。而本来含量就不多的脂肪、维生素、矿物质、膳食纤维又在精加工的过程中大部分流失了。所以，一个人长期食用精米精面，势必会出现营养不良。而谷类杂粮杂豆中含有丰富的脂肪、蛋白质、维生素、矿物质及膳食纤维，一日三餐中能经常吃些杂粮就能补充只吃精米精面营养不足的问题。以燕麦为例，每 100 克燕麦面含蛋白质 15.6 克，比普通小麦粉高 65.8%，比粳米高 132.8%；脂肪含量为 8.8 克，是小麦粉的 6.3 倍，粳米的 12 倍；钙含量为 69 毫克，磷、铁含量也远远高于面粉、大米。燕麦的水溶性膳食纤维含量特别高，比小麦粉高 3.7 倍，比粳米高 3.2 倍。

第二，经常吃五谷杂粮能够强身健体，防病治病。

我国自古以来就有"以食疗疾"的做法，俗话说："药补不如食补"。药王孙思邈认为"人们经常吃的不是药物，只能是食物"。几千年来，我国劳动人民在"食疗"方面积累了丰富的宝贵经验，也收到了良好的效果。

首先，不少粮食是食品也是药品，"药食同源"。2002 年我国卫生部 51 号文件中规定的"药食同源"的粮食和油料中包括：芡实（鸡头米）、薏仁米、赤小豆、白扁豆、刀豆、浮小麦、黑芝麻。这些粮

食本身又是药材，临床中被广泛应用，芡实久服能轻身不老，耳聪目明；薏仁米健脾开胃，利尿除湿；赤小豆清热解毒，利尿除湿，补血养血；白扁豆清热解毒，能治疗因暑热引起的腹泻；刀豆化痰、解气、活血，治噎嗝；浮小麦治疗自汗、盗汗、烦躁及更年期妇女病等；黑芝麻润肠通便，滋补肝肾。

其次，不少杂粮虽未被列入药食同源之列，但在养生保健、强身健体方面也被广泛应用。如绿豆，被李时珍誉为"济世之珍谷"，夏季清热解毒，防暑降温家庭必备。黑豆具有养血平肝、补肾补阳、活血化瘀的功效，也是美发乌发、美容养颜的黑色食品。燕麦，是2012年世界卫生组织推出的十大健康食品之一，在降脂、降糖、清肠方面功效显著，是世界公认的高营养保健食品，食用燕麦在欧美国家已成为时尚。荞麦具有其他禾谷类作物没有的生物活性物质——芦丁。芦丁具有调节血糖，清除体内自由基，抗氧化，抗肿瘤等多种功效。日本每年从我国进口5千万吨荞麦，用做多种健康食品的原料。另外，玉米、小米、高粱米、黄豆、鹰嘴豆、青稞等杂粮，都有非常好的保健功能和药用价值，不再例举。

第三，杂粮食物偏碱性，可中和人体的酸性环境，缓解疲劳，增加体能。

（2）吃杂粮有讲究

第一，要顺应四时。

古人养生讲"春生、夏长、秋收、冬藏"，要求"春夏养阳，秋冬养阴"。吃杂粮必须顺应四时，遵循到什么季节吃什么粮食的原则，否则，不仅起不到养生保健的作用，还会适得其反。例如小米、绿豆，

《本草纲目》记载"味甘、性凉",夏季食用是非常好的清热解毒、祛暑的食品。如果冬天喝绿豆汤、小米粥,健康的人也会感到肠胃不适。再如老百姓常说的"头伏饺子,二伏面,三伏烙饼摊鸡蛋",也说的是夏天要适当多吃一些面食,因为小麦是属凉性的,适合夏季食用。喝粥一年四季也是有区别的:春喝药粥(莲子粥、百合粥、枸杞粥、茯苓粥、半夏粥);夏喝绿豆粥;秋喝肉粥(东坡粥);冬喝腊八粥。

第二,杂粮混搭食用,更有营养,更利吸收。

实践证明,杂粮混搭食用,不仅改善口感,增加食欲,更有利于营养价值的提升和人体消化吸收。比如:绿豆中的赖氨酸的含量比较丰富,是小米的3倍,但绿豆中的蛋氨酸、色氨酸、亮氨酸含量不足,只有小米的50%,把绿豆和小米放在一起食用,就起到氨基酸互补的作用,提高蛋白质的含量。再如,玉米和大豆,如果单独食用,人体对它们所含蛋白质的吸收率分别是60%和64%,如果把3份的玉米、1份的黄豆做成食品,人体对蛋白质的吸收率能达到76%。所以,老北京传统的窝头面——"小米面"和"三条腿玉米面"的吃法是合理的、科学的。民间吃豆饭、喝豆粥习惯比单纯吃白米饭、白米粥,营养要丰富。

第三,提倡吃芽粮。

有些杂粮可以泡出芽来吃,吃芽粮比原粮更有营养,更好吸收。

比如:绿豆芽含维生素C是原来绿豆的7倍,氨基酸含量也有增加。黄豆芽维生素C的含量是黄豆的5倍。可以泡出芽的杂粮包括绿豆、黄豆、豌豆、蚕豆、黑豆、大麦、小麦、荞麦、花生等。芽粮不仅可以当主食,也可以做菜肴,营养丰富,其生成的叶绿素能分解人体内的亚硝酸胺,有预防直肠和消化道急性肿瘤的作用。

第四,吃杂粮要有选择,因人而异。

杂粮虽好，食用时要结合自身情况，有所选择。例如痛风及肾脏病人要少吃豆类、坚果（如花生）及含钾高的食品（如扁豆），减少肾脏负担；孕妇要少吃薏仁米，否则会造成流产；大便干燥的人要少吃芡实、薏仁米、榆皮面，可以多吃些白薯面、芝麻、燕麦等；糖尿病人不宜喝大米、小米、江米煮的粥，尤其不能喝泰国香米煮的粥，但可以选择糙米、青稞、燕麦、荞麦、玉米及各种豆类的杂粮粥。

第五，食用杂粮要适量。

每人每天80-100克为宜，也可以按主食量的三分之一控制。杂粮虽好，也不是多多益善，过多地摄入粗粮、杂粮，会影响蛋白质、矿物质和维生素的吸收；有些人还会引起消化不良。要坚持粗细搭配，平衡膳食。

（3）一年四季巧安排

春季。春季是万物复苏的季节，"一年之计在于春"。这个季节的气候特点是乍暖还寒，天气变化无常。春季养生应多吃温补阳气、健脾养肝的温性食物，选择杂粮应多吃：粳米、玉米、红薯、黄豆、黑豆、红小豆、薏米、花生、芝麻等，少吃小米、糜子米、荞麦、绿豆等偏凉的杂粮。春季宜食药粥，如"粳米莲子粥"、"粳米百合粥"、"粳米半夏粥"等。另外，民间有"春日食春芽"的习俗，春天适合吃绿豆芽、黄豆芽等芽菜，有利于阳气升发。

夏季。夏季天气炎热，按中医理论来讲应注重养心。在杂粮的食用上应注意两个方面：一是选择甘凉清润的食物，如小麦、小米、薏米、青稞、白扁豆、黑芝麻等；二是选择祛暑利湿、清热解毒的食物，如绿豆、蚕豆、豌豆、赤小豆、黄豆等。我国北方广大农村，到了夏季常把小米、

绿豆放在一起，做成"酸粥"或"酸水饭"食用，这种经过发酵的"粥"或"水饭"，食用后不仅能清心、养心、安神，还有很好的止泻功能。因为"酸粥"或"酸水饭"中的有益菌可调整人体肠道菌群，对人体健康是十分有益的。夏天民间还有喝"甘麦大枣汤"的习俗。甘草10克、浮小麦30克、大枣20克煮水代茶饮，有养心液、消烦止汗、治口干口渴之功效。

秋季。秋天的气候特点是暑气未消，天干物燥，湿气沉重。按中医养生理论，应注重养肺，在五谷杂粮的选择上应多吃一些健脾开胃、利尿除湿、润燥润肠润肺、少辛增酸的食物，如芡实、薏米、粳米、玉米、高粱米、赤小豆、白扁豆、芸豆、黑芝麻、花生等。秋季食疗粥中有"薏米杏仁粥"，薏米、杏仁按5∶1比例熬粥，温热时食用，薏米有健脾开胃、利尿除湿功效，杏仁有润肺止咳功效。民间"长寿粥"食材丰富，黄芪250克、薏仁50克、绿豆50克、扁豆50克、莲子50克、枸杞10克、大枣30克（以上为5天量），经常食用可强身健体、益寿延年。

冬季。冬季选用杂粮应注意两个方面：首先按中医"五行养生"理论，冬季属水，应注重补肾，黑色入肾，因此，应该多吃黑色食品。其次，冬天的气候，寒冷干燥，人体水分易流失，容易上火，少吃辛辣油腻食品，多喝粥，润养肺燥是冬季养生的绝佳选择。按上述原则，冬季应多吃红薯、玉米、燕麦、高粱米、糙米、黑米、紫米、黑豆、红小豆、花生、黑芝麻等。少吃小米、糜子米、薏仁米、荞麦、绿豆、豌豆。冬季可多食用"红薯粥"，将红薯100克洗净切小块，与粳米150克及适量水同煮，煮好为止，早晚餐用。本粥有健脾胃、和气血之功效，久服能润肤悦色。"养颜补血燕麦粥"，需燕麦米100克、粳米100克、

核桃5个、大枣10个、龙眼干10个,先将两种米煮至八成熟再放入果料,熬好后放少量红糖。本粥通过补骨益肺健脾,从而使气血充盈、润燥生津、肌肤润泽、乌须黑发,但大便溏泻者不宜。

2. 火眼金睛识大米

中华民族是世界上最早种植水稻的民族。迄今为止,发现最早种植稻谷的遗址在我国湖南省道县和江西省万年县,至今已有一万三千年的历史。我国稻谷栽培技术,三千年前北传朝鲜半岛,南传越南;二千年前传到日本,随后传到东南亚;公元5世纪传到西亚,经非洲传到欧洲、美洲及全世界。

(1)眼花缭乱的大米世界

如今,走进超市的大米柜台,就会发现,珍珠米、水晶米、黄金米、胚芽米、糙米、有机大米、免淘大米、富硒大米、营养强化米等,各式包装大米、散装大米令人眼花缭乱,目不暇接。不知如何选择。

其实按大米的原料稻谷分类,只有三种:粳米、籼米、糯米。糯米即是江米,主要用做元宵、年糕、粽子等小吃的加工原料。老百姓一日三餐经常食用的大米,只有粳米、籼米两种。

粳米主要产自北方,东北地区、华北地区、西北宁夏也有少量出产。北方的大米由于生长期长,光照好,蛋白质含量略高,粗纤维少。再加上精细的加工,粳米的米粒呈半透明状,大小均匀,晶莹剔透,蒸出米饭有油性、有黏性、有香味、有嚼头,圆润爽滑。像黑龙江五常的稻花香2号大米、吉林梅河口市的秋田小町大米、北京海淀的精

小站大米、天津的小站稻、河北唐山大米、宁夏银川大米都是粳米中的优质品种。现在市场上供应的大米，百分之九十都属于粳米。

籼米又称机米或南米，主要产自我国南方各省，以湖南、湖北最多。籼米一年两熟，有早籼、晚籼之分，晚籼品质优于早籼。南方大米生长期短，光照差，蛋白质少，脂肪少，粗纤维多，糖多。籼米硬度小，耐压性差，加工时碎米多，出米率低。食用品质黏度小，油性小，胀性大，出饭多，口感较差。籼米中一年一熟的也有品质好的，如江西的贡米、广东的丝苗米、齐眉米及泰国香米等，米色润泽，煮饭熬粥味香可口。

（2）要提倡多吃糙米

现在市场上出售的大米，绝大多数都是经过反复加工的精制大米，这些精制大米油光水滑，好像某些相亲节目中的美女，虽然外表诱人，但大约70%的营养在加工过程中流失了，所以要提倡吃粗加工的糙米。所谓糙米就是稻谷上碾米机后第一道工序（去除稻壳）加工出来的产品。糙米保留了果皮、种皮、糊粉层、外胚乳、胚乳和胚等一个完整的米粒，是全谷物的食品。糙米含有丰富的蛋白质、脂肪、维生素、矿物质及膳食纤维等多种营养成分。与精制大米相比，糙米所含蛋白质高出20%，脂肪含量高出166%，维生素B_1、维生素B_2分别高出191.6%、300%，钙、磷、铁等矿物质都高，特别是膳食纤维比精米高出8倍。美国参议院营养特别委员会曾对"饮食与疾病的关系"进行了全球性调查，得到的结论是："先进国家的疾病是食源病"，号召国人改变饮食习惯，尽量摄取全谷物，如糙米、全麦粉等谷物品。

糙米虽好，口感粗糙，难以下咽。下面给您介绍改善口感的方法：
（一）食用前把糙米提前泡一夜，让它吸足水分，然后再煮粥、焖饭，

口感会大大改善。（二）把糙米和小豆、绿豆、豇豆、芸豆、薏仁米、高粱米、玉米、小米等五谷杂粮混在一起吃，做成五谷杂粮粥或五谷杂粮饭，既增加了营养又好吃。

（3）"看、闻、摸、尝"四招辨优劣

如何分辨新米和陈米、优质米和劣质米，"看、闻、摸、尝"四招可以帮您选到新鲜的优质大米。

"看"：新鲜的优质大米色泽清白，有光泽，呈半透明状，米粒大小均匀，很少有碎米，腹白少，无虫蛀，无杂质。陈米劣质米无光泽，表皮发乌，碎米多，腹白多，杂质多。

"闻"：闻米的气味。用手取少量米，向米哈一口气，立即嗅气味，新米应有淡淡的清香味。陈米则嗅不到米香味，有的还可能有霉变味。

"摸"：新米光滑，手摸有凉爽感。陈米手摸发涩，严重变质米，手插入米中会带出许多粉尘，粮食行业称之为"脱糠"现象。还有的米放在手中，能攥成团，说明很快就会霉变了。

"尝"：尝米的味道。取少量米放入口中细嚼，新鲜的优质米味佳，微甜，无任何异味。陈米会有酸、苦等异味。

3.吃面粉有讲究

面粉（小麦粉）是我国人民，特别是北方人民，一日三餐中最主要的粮食，再普通不过了。但是，怎样选好、用好面粉，有益人体对面粉中的多种营养物质的消化、吸收也是有讲究的。

（1）面粉的分类

目前，市场上的面粉达40多个品种，如果按面筋质高低可归为3类，即低筋粉、中筋粉和高筋粉。面粉蛋白质含量越高，面粉的面筋质越高。不同面筋质的面粉口感和性能不一样，可按食用需要去选择。

低筋粉。蛋白质量在10%以下，如标准粉、全麦粉等，口感软糯，适合做烙饼、烧饼、糕点等食品。

中筋粉。蛋白质含量在10%~15%，如富强粉、饺子粉等，口感筋道，适合做馒头、饺子、面条等食品。

高筋粉。蛋白质量在15%以上，如雪花粉、面包粉等，口感非常筋道，适合做面包等食品。

北京通州大顺斋的糖火烧驰名全国。其主要原料面粉，只用标准粉，几十年不变。中华老字号柳泉居的豆包，用面也有讲究，高筋粉和麦芯粉按一定比例和面，蒸出来的豆包，不仅颜色白、弹性大，且不黏牙。

（2）鉴定面粉好次有妙招

一用手捻，有沙粒感的面粉质量好，粉状的质次。

二抓一把面往下扔，把面案上的面粉砸出一个坑的是好面粉；砸不出坑的面粉次。

三看颜色，面粉微黄的颜色正常，是好面粉（面粉中的胡萝卜素为黄色）；颜色惨白的不正常，为加入增白剂的。

（3）面粉并非越白越好

面粉不是越白越好，大米不是越精越好，对于注重养生保健的现代人来说，这是不争的事实。从2011年5月1日开始我国生产面粉已

经不再使用增白剂了,因为现在的生产设备和加工工艺完全可以生产出质量合格的面粉。

面粉的颜色还与小麦的出粉率有关。年轻的时候我在农村生活了17年,农民自己种小麦磨成粉。家境比较好的人家一百斤小麦只出七十来斤面粉,就很好,家境差一点的人家要出八九十斤,就比较黑了。更穷的人家把所有的小麦磨成粉,很黑很粗糙,只能自己吃,不好意思招待客人。其实这种很黑很粗的面粉才是真正全谷物的"全麦面粉",它含有丰富的膳食纤维,是现代人饮食中所缺乏的。在美国,全麦面包价格要比精制粉白面包价格贵1倍。

(4)蒸煮胜于炸烤

面粉的食用方法很多,但从营养和保健的角度看,蒸煮胜于炸烤。蒸馒头,维生素B_1、B_2,维生素E损失不大;油炸食品,如油饼、油条,由于高温,维生素B_1几乎全部被破坏,维生素B_2损失50%,维生素E损失70%~80%;烤烧饼,维生素B_1损失约30%;烙饼,由于受高温的时间短,损失比烤烧饼要少些;煮面条,有30%~40%的维生素B_1、B_2被溶解到水里,所以煮面条和水饺的汤应尽量喝了。俗话说"原汤化原食",就是鼓励人们喝这种含大量维生素的汤,不要浪费。另外,研究证明:油炸和烘烤食品,由于温度过高会产生苯并芘、丙烯酰胺等致癌物质;而蒸煮的面食,温度不超过100度,不存在这个问题。

4. 选对油控好量

走进超市,大豆油、花生油、菜籽油、葵花籽油、红花油、油茶

籽油、玉米油、小麦胚芽油、芥菜籽油、亚麻籽油、橄榄油以及调和油等各类植物油琳琅满目。面对品种繁杂的植物油应该如何选择，是需要考虑的问题。有的人根据口感选择，有的根据价格选择，还有的人根据消费习惯来选择，我认为正确的做法是从营养健康方面多考虑，选对油控好量是关键。

（1）合理用油控好量

在中国人的饮食习惯中，油是烹饪的必备品，尤其是植物油不仅为饮食带来好的口感，同时也是为人体提供能量，如必需脂肪酸和脂溶性维生素（主要是维生素E）等。随着人们生活水平的逐渐提高，全国人的饮食结构中，由于油脂摄入过多而直接导致高血脂、心脑血管疾病的人逐年增加。据全国居民营养与健康调查报告显示，我国居民对食用油的摄取普通过量，其中上海、杭州、郑州、成都等大的城市人均食用油的摄取量超过了44克，这个数字远远超过国际标准。因此，从有益人体健康出发，必须少吃油，把总量降下来。根据《中国居民膳食指南》，成年人一天摄入的食油量应在25克左右。保持这个量，一方面不会有过多的脂肪摄入，另一方面保证了人体对脂肪酸的基本需求。

（2）压榨与浸出

选择食用油首先遇到的就是"压榨"和"浸出"两种不同工艺加工出的油。二者有何区别呢？

压榨油是靠物理压力将油脂直接从油料中分离出来，全过程无任何化学添加剂，保证产品安全、卫生、无污染；而浸出油则是采用化

学溶剂，一般用乙烷（六号轻汽油）将油脂原料经过分离浸泡，再进行脱色、脱臭等一系列加工，最终形成清澈透明的浸出油。

二者的区别正在于，压榨油特别是冷榨油，最大限度保护了油料中的天然营养素，如维生素E、植物甾醇、芝麻里的芝麻素、芝麻粉，花生中的白藜芦醇等。这些不仅是对人体健康有利的营养成分，还能让消费者闻出不同油的味道；而浸出的食用油，由于一系列精制加工，使原料本身的营养成分损失掉一部分，也正是浸出油味道不浓的原因所在。

另外，压榨油对原料的要求高，出油率低，一般在70%至75%左右，生产成本高，价格相对较高；而浸出油相对出油率高，生产成本低，价格相对便宜。消费者选择浸出食用油，应选择正规厂家生产的可信赖的品牌产品，避免任何化学添加剂残留的可能性，浸出油也是可以放心使用的。

（3）哪一款油适合您

迄今为止，世界上还没有哪一款食用植物油完全符合人体健康需要，而不用再去选择其他的食用植物油。因此，选择食用油的原则应该是大品牌、小包装、巧搭配，以达到营养均衡和安全卫生的目的。

按脂肪酸含量区分，有如下几种：

油酸含量较高的植物油：橄榄油、山茶籽油、杏仁油、花生油、米糠油。

亚油酸含量较高的植物油：大豆油、玉米油、葵花籽油、小麦胚芽油、芝麻油。

亚麻酸含量较高的植物油：亚麻籽油、紫苏籽油、火麻仁油、菜籽油、

大豆油。

饱和脂肪酸含量较高的植物油：棕榈油、椰子油、棉籽油。

按口感和性能区分，有如下几种：

适合炒菜的植物油：花生油、大豆油、菜籽油、玉米油、米糠油。

适合高温油炸的食用油：棕榈油、棉籽油、菜籽油。

适合调味的植物油：香油、亚麻籽油。

适合凉拌菜的植物油：香油、亚麻籽油、橄榄油、茶籽油。

适合做沙拉的植物油：橄榄油、茶籽油。

可以直接喝的植物油：橄榄油、红花油、亚麻籽油、核桃油、稻米油（植物油不是保健品，食用时应注意总量控制）。

自制调和油。调和油本来是一种不错的概念，几种植物油混合使用，对身体是有好处的。油厂可以使用不一样的原料做出有益健康的脂肪酸比例的调和油。但是，现在国家对调和油的调和比例没有明确规定，一些厂家为降低成本，价值低的原料多放，价值高的原料微乎其微，使调和油失去了原本的意义。您不妨在家自制调和油。

适合老年人的调和油：茶籽油、花生油、亚麻籽油按 1 ∶ 1 ∶ 1 的比例配制，这款油不仅炒菜香，还有利于老年人控制心脑血管疾病。

适合儿童的调和油：亚麻籽油、橄榄油、核桃油按 2 ∶ 1 ∶ 1 的比例配制，经常食用有利于儿童长身体、长智力。

适合大众人群的调和油：亚麻籽油、花生油按 4 ∶ 3 比例配制，这款油的特点是脂肪酸配制合理，适合煎炒，香味浓郁。

（4）感官鉴定分良莠

植物油应该放在深颜色的玻璃瓶内，在避光、低温、密封的条件

下保管。保质期 12 个月或 18 个月是指打开前，打开后应抓紧食用。变质的油不仅没有营养还会给身体带来伤害，不能再食用。通过感官鉴定可以辨别出食用油是否变质。

看颜色。

一般情况下，质量好的油颜色较浅，透明度好，没有沉淀物和悬浮物；质量差的油颜色较深，有的略显红色，透明度差，暗淡浑浊，油分层，有沉淀。

闻气味。

每种植物油都具有特有的香气，如花生油的香味，豆油的豆腥味等；如有异味、臭味就说明已经变质了。

尝味道。

质量好的油没有异味；变质的油会带有酸味、苦味、哈喇味和焦味。

测水量。

取底部一、二滴油，将油滴在纸上燃烧，含水的油会发出"吱吱"响声。油脂中水分大即成混浊状态，味道也不好。

三、粮油小常识

1. 大米淘洗有讲究

大米由稻谷加工而成，由于除了稻壳，米中的多种营养素直接暴露在外，这些营养成分多为水溶性的，食用中淘洗不当，大米中的营养成分很容易损失。据试验，一般大米经过一次淘洗后，要损失蛋白质4%，脂肪10%，矿物质5%，淘洗的次数越多，搓洗越用力，大米的营养素损失越大。正确的方法是：用净水轻轻冲洗一下即可。免淘米在加工过程中，国家有严格的工艺要求，食用中可以免洗。

2. 大米不能暴晒

一般粮食长虫子了，会拿到太阳底下晒一晒，但大米不行。经暴晒的大米，会出现很多裂纹，这些裂纹以米的腰部最多，故称之为"爆腰"。"爆腰"的大米极容易断裂成为碎米，降低大米的食用价值。所以，大米不能晒。

大米安全储存的关键是干燥、低温。在常规条件下温度不超过25℃，水分不超过13.5%，一般不易生霉。

家庭储存的大米，可在粮袋中放入花椒，每10克一个小沙包，分层放入大米中，可防止生虫。已经生虫的大米，可在-15℃的冰箱中冷冻11个小时，能将害虫杀死。

3. 捞饭、焖饭和蒸饭哪种烹调方法更好

大米中所含 B 族维生素易溶于水，传统的煮米捞饭的方法弃去米汤，使水溶性的物质损失了，最好采用焖饭或蒸饭。焖好的米饭，用饭板搅拌后再食用，口感更佳。

4. 糙米饭预防糖尿病

美国科学家在研究中发现，糙米在煮饭前用温水浸泡，可以促进其"芽化"，刺激大米中多种酶的产生，对糖尿病有预防作用。

经过浸泡，可以让米粒充分吸收水分。这样蒸出来的米饭会粒粒饱满，吃起来也更加蓬松、香甜，有助于消化；其次，大米中含有一种叫植酸的物质，会影响人身对蛋白质和矿物质的吸收。用温水浸泡大米，可以促进植酸酶的产生，植酸酶能将大米中的植酸分解，就不会过多地影响身体中蛋白质和矿物质的吸收了。不过，浸泡时间要掌握好，太长或太短都不好。一般最好用 30 至 60 摄氏度的温水，浸泡时间在半小时以内。

5. 自制糯米醪糟

用糯米、薏米、莲子粗粉、山药粗粉、芡实米、茯苓粗粉混合在一起，将拌匀的原料放入搪瓷盆中，加水适量，在笼屉中蒸 1 小时，拿出放冷，拌入酒曲，把盆放在 25℃的环境中，约 36–48 小时，原料即发酵成为酒酿。如果爱吃甜的可以加一些冰糖，醪糟酒酿可以在中午或晚上服用，不但帮助消化，而且镇静安神。

6. 糯米食疗有良方

糯米即江米,是元宵、年糕、粽子等小吃的主要食材。糯米不仅好吃,还在粥疗中发挥神奇作用。我国民间流传的"神仙粥"中说:"一把糯米煮成汤,七根葱白七片姜,煮熟对入半杯醋,伤风感冒保安康。"此粥专治由风寒引起的头痛、浑身酸懒、乏力、发热等症,特别是患病3天内服用即可收到粥到病除的奇效。

"神仙粥"的具体做法和用法是将糯米50克洗净,加适量水煮成稀粥,再加入葱白7根(约30克)、生姜7片(约15克)共煮5分钟,然后加入米醋50毫升搅匀起锅,趁热服下后上床盖被,使身体微热出汗。一般连续服用3~5次,感冒就会痊愈。

7. 什么是富硒大米

硒是近年来比较热门的元素,它是谷胱甘肽过氧化物酶的主要成分,可以清除体内自由基,起到抗氧化、延缓衰老、抗肿瘤的作用,同时可以保护心血管和心肌的健康。

普通大米硒含量为0.035毫克/公斤;而标准富硒大米硒含量为0.07~0.3毫克/公斤。

专家指出,成人每日硒摄入量50~200微克为宜,最多不得超过800微克,否则会出现硒中毒。我国湖北恩施、陕西紫阳都发生过吃高硒玉米中毒事件。

除富硒大米外,大蒜、香菇、芦笋中硒含量也很丰富,可根据个人情况,选择食用。

8. 什么是富锌大米

锌可以促进儿童、青少年的生长发育，如果此时体内锌元素缺乏，容易使儿童患侏儒病、矮小症。此外，缺锌还会导致免疫力低下，厌食脱发，伤口不易愈合、皮炎等。每天人体锌元素的正常需求，儿童为5-10毫克、成人为15毫克。市场上标注富锌大米每百克锌的含量为2.5毫克，可以根据需要选择。此外，海产品、坚果也含有较丰富的锌，可以调剂食用。

9. 什么是红曲米

红曲米又称红曲，由大米发酵而成。将大米蒸饭，晾凉后加入红曲霉菌发酵4~7天即可。红曲米呈紫红色或棕色。中医认为，红曲米性味甘温，归肝、脾、大肠经，有健脾消食、活血化瘀之功效。上个世纪70年代，日本研究发现，红曲米中含洛伐他汀，有降脂功效。血脂高的人可以经常食用红曲粳米粥。具体做法是：粳米100克先煮，约30分钟，出锅前放入红曲米30克和少许红糖，再熬3分钟即可。长期食用有降脂功效。

10."麦吃陈，米吃新"

小麦营养丰富，每100克小麦蛋白质含量11.9克，脂肪含量1.3克，碳水化合物含量75.2克，膳食纤维含量10.8克。此外，小麦还含有维生素B_1、B_2，维生素E及钙、铁等矿物质。

小麦一般人群均可食用，尤其适宜因心血不足而失眠多梦、心悸不安及体虚、自汗、盗汗、多汗者。小麦收获后入库有60天的后熟期，新麦磨出的面粉发黏，存放一段时间的小麦磨出的面粉品质更好，民

间有"麦吃陈，米吃新"的说法。

浮小麦指干瘪的小麦，药食同源，新麦性热，陈麦平和，更适合入药。浮小麦有养心、益肾、补血、健脾功效。麦仁、莲子、红枣熬粥，养心最好，比小麦磨面蒸馒头效果更好。

11. 面粉不是越白越好

从消费者的需求来讲，是希望面粉白的。不过，天然的面粉中含有一些类胡萝卜素，使得新磨出来的面粉呈现一定的黄色。我国从上个世界 80 年代末，从国外引进并开始在面粉中使用添加剂过氧化苯甲酰。过氧化苯甲酰是一种很强的氧化剂，适量使用起到面粉增白作用，还能杀死微生物，增加面粉弹性，过量会破坏面粉中维生素 A、B、E 等营养成分。过氧化苯甲酰中含有微量砷和铅，过量摄入人体，可能造成微毒积累，损害健康。一些小的生产厂为了让面粉看起来特别雪白，往往超标使用增白剂，生产不合格产品，给食品安全方面带来问题。目前，我国面粉生产工艺不断提升，在没有任何添加剂的情况下，完全能生产出质量合格的面粉。所以，我国原卫生部等部门规定，自 2011 年 5 月 1 日起禁止面粉生产中添加食品添加剂过氧化苯甲酰。您在购买面粉时，如遇到颜色惨白、惨白的，应格外小心。

12. 石磨加工的好处

石磨加工是传统的谷物加工方式，历史悠久，与现代机械化生产加工相比，它产量低、成本高。但它的好处是：

第一，石磨加工低温低速，最大限度地保留了谷物蛋白质、脂肪、

维生素、矿物质及膳食纤维等营养物质不受破坏，不丢失。

第二，石磨加工保留了谷物的原色原味，颜色自然、香味纯正。

第三，石磨加工大多前店后厂，可以当面选料，现场加工，保证品质纯正，货真价实。

第四，现在大多选用麦饭石磨盘，麦饭石石磨不掉石渣，不掉石粉，耐磨耐用，无毒无害。麦饭石含有30多种矿物质，能改善人体新陈代谢，促进血液循环，具有降脂、降压、保肝、利尿、美容、延缓衰老等多方面功效。

石磨加工粮食，回归自然、返璞归真、绿色环保，长期食用有益健康，有条件的应该提倡。

13. 方便面到底有没有营养

方便面以小麦粉为主要原料，含有约75%的碳水化合物和约10%的植物蛋白质，是很好的能量产品，小麦自古就是滋养人体的重要食物。《本草拾遗》中载："小麦面，补虚。实人肤体，厚肠胃，强气力。"方便面里的维生素等相对缺乏，食用时可以加点蔬菜、肉、蛋等补充。需要指出的是，任何一种单独的食品都不可能成为蛋白质、脂肪、矿物质、维生素都有的全营养食品，方便面也是一样。我们不主张顿顿都吃方便面，但方便面自问世以来，几十年风靡全球，不能说不是一种携带、食用方便，安全、卫生的方便食品。

14. 绿豆汤为什么会变红

煮绿豆汤，绿豆凉水下锅，盖上锅盖，开锅后大火煮5分钟，汤最绿，

抗氧化、清热、解毒功能最佳。如加入少量白醋或柠檬能保持绿色。煮绿豆汤不盖锅盖，汤会变红，这是因为绿豆皮上的多酚类的物质被氧化的缘故。绿豆汤变红后营养成分没什么损失，清热解毒效果会大打折扣。

15. 绿豆解重金属中毒

《本草纲目》说绿豆性味甘寒，解金石、砒霜、草木诸毒。对重金属农药中毒以及其他多种食物中毒绿豆均有防治作用。人们饮用绿豆汤后，会加速有毒物质在体内的代谢转化向外排泄。因此，经常接触铅、砷、镉、化肥、农药等有害物质者，在日常饮食中尤其应多吃些绿豆汤、绿豆粥和绿豆芽等。绿豆解毒在皮不在瓤，煮绿豆汤，凉水下锅，开锅后大火煮五六分钟，一锅碧绿的绿豆汤就煮好了，喝汤去掉渣，解毒效果最佳。

16. 什么豆子最适合打豆浆

做豆浆要选择脂肪、蛋白质含量丰富的豆子，如黄豆、黑豆、大青豆等。黄豆、黑豆、大青豆的脂肪含量约18%~20%、蛋白质含量约38%~42%，最适合做豆浆。有人把绿豆、小豆、玉米、薏米也用来打豆浆，是不合适的，这些杂粮虽然各有营养，但口感味道都不能算传统意义上的豆浆。黄豆打豆浆需提前泡8-12个小时，有条件的泡两三天，泡出小芽来更好，通过浸泡黄豆中的单宁、植酸、皂甙等物质降低，有利人体对蛋白质的吸收。煮豆浆初开锅时只有85℃，5分钟后才达到100℃，可使胰蛋白酶抑制剂失活，易于人体吸收。煮的时间短，喝了会出现恶心、腹泻等不适。

17. 什么豆子最适合煮粥

熬粥要选择淀粉含量高的豆子，如红小豆、绿豆、红芸豆、白芸豆、花芸豆、紫芸豆、奶花豆、红豇豆、白豇豆、花豇豆、鹰嘴豆等。这些豆子淀粉含量高达60%~80%，适合熬粥。这些豆子都有较坚硬的皮，煮粥前提前泡一晚（约8小时），再和各种米一起煮就可以了。

18. 豆浆、牛奶哪个更有营养

在营养饮料中，人们对牛奶似乎关注的更多一些，其实，豆浆的营养价值相比牛奶来讲不相上下，甚至还有一些优势。

（1）牛奶被认为是补钙的首选，而豆浆中的钙含量也非常高，100克大豆中的钙含量为191毫克。

（2）牛奶中的蛋白质丰富，100克牛奶含蛋白质3克。而大豆中蛋白质更加丰富，100克大豆中的蛋白质含量为38克。

（3）全脂牛奶中增加了脂肪的摄入，而豆浆里的多不饱和脂肪酸和磷脂有降血脂的作用。

（4）大豆中的卵磷脂和异黄酮具有较强的抗氧化作用，可起到抗肿瘤、抗衰老的作用。

（5）大豆中的膳食纤维有助于促进排便。

豆浆、牛奶各有所长，交替食用效果更好。

19. 什么人不宜喝豆浆

痛风患者忌喝豆浆。

嘌呤是水溶性的，豆浆中的嘌呤比豆制品中的高。所以，在痛风急性期要严禁食用含嘌呤多的食物，即使在缓解期也要有限制地食用。

溃疡、胃炎发病期间须忌豆浆。

大豆中的低聚糖，可被肠道细菌发酵，产生气体，引起打嗝、腹胀、腹痛等症状。急性胃炎和慢性浅表性胃炎病人不能食用豆制品或豆浆，以免刺激胃酸分泌和胃肠胀气。

缺铁性贫血患者不宜饮用豆浆。

黄豆中蛋白质可抑制正常铁吸收量的90%，人会出现不同程度的疲倦、嗜睡等缺铁性贫血症状。

乳腺高危人群不要大量喝豆浆。

国外有研究报告称,黄豆中的异黄酮素,有刺激癌细胞生长的可能所以,有乳腺癌危险因素的妇女最好不要摄取大量异黄酮或长期大量喝豆浆。

20.几种营养杂粮豆浆

燕麦核桃豆浆

食材：黄豆、燕麦、核桃，按7：2：1比例配制

特点：口感更加浓香润滑。

功效：有润肺、养颜、益胃、降脂作用。

米豆浆

食材：黄豆、大米，按8：2比例配制

特点：香滑甘甜

功效：益气健脾，适合三高（高血压、高血糖、高血脂）人群

玉米豆浆

食材：黄豆、鲜玉米，按7：3比例配制

特点：清香甘甜

功效：有益消化，排毒，预防心脑血管疾病。

以上营养杂粮豆浆，不仅营养丰富，而且制作简单。只要将所需食材泡制 6~9 小时，然后倒入豆浆机，加入适量的水，一磨即可。

21. 白薯的功效

白薯又称红薯、地瓜、番薯，是一种高产农作物，我国种植白薯已经有四百多年的历史。每百克的白薯中约含有蛋白质 10 克，脂肪 0.9 克，碳水化合物 12.6 克，纤维素 8 克，并富含钙、磷、铁等矿物质和胡萝卜素、维生素 B 族等。

白薯是五谷杂粮中碱度较高的碱性食物，对以精米白面为主食，又多爱吃肉、蛋等酸性食物的现代人来说，适量吃些白薯有利于人体保持酸碱平衡。

白薯中有类似雌激素的物质，对保持皮肤细腻、延缓细胞衰老有一定作用。日本医学专家报告指出，白薯中的黏蛋白是一种多糖和蛋白质混合物，属胶原和黏多糖物质，可减轻疲劳，提高人体免疫力，促进胆固醇的代谢，保持动脉血管弹性，防止动脉硬化，从而降低高血压及血管疾病的发生。

22. 玉米价值不可小觑

玉米在世界上被称为"黄金作物"，不仅营养价值高，还有一定的药用价值。

玉米籽粒中含淀粉 72%，含蛋白质 9.6%，含脂肪 4.9%；另外还含

有1.92%纤维素和1.56%矿物质元素。玉米籽粒的蛋白质含量高于大米，略低于面粉，维生素A的含量高于大米和小麦。

据国外研究发现，在非洲以玉米为主食的国家中，多发病（心脏病、糖尿病、脑溢血、癌症等）比发达国家为少。主要原因是：

（1）玉米中的谷胱甘肽氧化物含有硒，硒为保持人体健康不可或缺的元素，缺硒易诱发癌症、冠心病、动脉粥样硬化、糖尿病、病毒性肝炎等。

（2）以玉米为主食可降低胆固醇，防止冠心病的发生。

（3）玉米能吸收人体的一部分葡萄糖，使血液中的糖量减少，对糖尿病人可起缓解作用。

23. 如何挑选鲜玉米

夏末时节，有人喜欢吃刚掰下来的鲜玉米。如何挑选鲜玉米呢？方法是：

第一，看须子。玉米须子发干，颜色发黑或深褐色，就是老一点的玉米，须子颜色比较浅的，就是嫩一点的玉米。

第二，看米粒。新鲜的玉米籽粒饱满，水分充足，用指甲一掐能出浆；玉米的颗粒干瘪，就是放的时间比较长了。

新鲜的玉米如果一次吃不完，可以放在保鲜袋里，在冰箱的冷冻室内保存，拿出来不需要解冻，直接放入水中煮食即可。

24. 薏米快熟有妙招

薏米坚硬，尤其是国产小薏仁米，更是坚硬难煮，使用前需提前

泡一夜，要想快速熟也有妙招。方法一：提前用微火把薏米炒熟，食用时与大米用煮，即可。需要注意的是，生薏米利水除湿功效显著，而炒薏米的功效则在于健脾、止泻。方法二：薏米用水浸泡后，装入纸袋放在冰箱内冷冻，食用时只需8分钟即可煮熟。这个方法也适用于各种豆类。

25. 全谷物食物三大好处

全谷物是指包括皮层和胚芽在内的食物，如大麦、小麦、青稞、糙米、小米、燕麦、荞麦、红豆、绿豆等。全谷物是营养专家大力提倡的一类简单易得、营养丰富的食物。全谷物食物有以下三大好处：

（1）全谷物食品是膳食纤维的好来源。成年人每人每天需摄入30克膳食纤维，膳食纤维主要来自植物的"皮"或"糠"中，如麦子等谷类植物种子的外壳及各种豆类的外皮。

（2）全谷物食品也是维生素的良好来源，特别是B族维生素。

（3）全谷物食品也是矿物质的丰富来源，特别是锌、铁等。

26. 不容忽视的膳食纤维

在食物匮乏的年代，膳食纤维不被人们所重视。如今，日常餐桌的食物越来越多，食物精细的程度越来越高。人们不再关心每天吃什么，而是关注如何吃得健康。于是，膳食纤维的重要性被凸显出来。膳食纤维分为水溶性纤维和非水溶性纤维。

常见的食物中如大麦、燕麦和豆类含有丰富的水溶性纤维。水溶性膳食纤维，到大肠里，会被肠道内的发酵细菌利用，降低肠道pH值，

从而促进益生菌的生成，改善肠道内的环境，对于提高人体免疫力、降低肠道癌变有一定的作用。

非水溶性纤维，常见食物如小麦糠、玉米糠等。非水溶性膳食纤维在小肠和大肠都不被消化，可起到促进肠道蠕动、促进排便的作用。

水溶性和非水溶性膳食纤维在胃肠道吸水后膨胀，使人产生饱腹感，可以有效抑制食欲，减少进食量，对控制体重、稳定血糖都有一定效果。

富含膳食纤维的粮食包括：玉米、大麦、燕麦、高粱、红薯、鹰嘴豆、红小豆、小麦糠、玉米糠等。

27. 大麦芽与大麦茶

李时珍《本草纲目》称：大麦性寒，可宽中下气、凉血、消积、进食。与小麦最大的区别在于它可以宽肠。

取大麦芽 60-120 克，水煎服，一日 2 次，连服 7 日，用于妇女回乳，效果显著。

大麦茶甘美清甜，风味独特，具有清热解毒、减肥瘦身、缓解便秘、美容养颜的诸多功效。大麦茶不含茶碱、咖啡因等，不影响睡眠。用大麦茶洗脸，可以使皮肤更加白皙。此外，经常饮用大麦茶还可以调理肠胃功能、助消化、增加食欲等。

28. 高粱米适合做点心

说到高粱米，如今人们只知道熬高粱米粥或蒸高粱面馒头，其实高粱还有另外一种吃法，那就是做高粱粑的点心。把高粱米磨成粉后

加入泡打粉、白糖、鸡蛋和适量水调到黏稠，揉成面团，把高粱面团按平蒸熟，下油锅稍炸，撒上芝麻即可。这种点心香甜松软，别有风味。

29. 什么是"蚕豆病"

蚕豆又名胡豆、南豆、佛豆、指甲豆、罗汉豆等。蚕豆原产于亚洲西南部和北非一带，由汉朝张骞通西域时引入我国，至今已有两千多年的栽培历史。蚕豆食用不当会罹患"蚕豆病"，蚕豆病是一种急性溶血性疾病，伴有血红蛋白尿、黄疸、贫血等症状。病程一般为2-6天，可自行痊愈，严重者如不输血可致死亡。1955年，我国广东地区发生蚕豆病流行，患者达1000多人，男性多于女性，儿童多于成年人，有明显的家族史。蚕豆种皮中含毒性成分较高，因此，在食用蚕豆时，应先用清水多浸泡几次，把泡蚕豆变黑的水倒掉，再将蚕豆充分煮熟后才可食用。患痔疮出血、消化不良、慢性结肠炎、尿毒病等病人，以及食蚕豆过敏者应忌食蚕豆。

30. 什么是"克山病"

"硒"是人体所需的重要的微量元素，可以清除体内自由基，起到抗氧化、延缓衰老、抗肿瘤的作用。成年人每天摄入量为50-200微克，如长期缺硒，就会出现心功能不全，脑、肺、肾栓塞等疾病。我国这种病最早发现在黑龙江省克山县，故称"克山病"。普通大米硒含量为0.035毫克/公斤，富硒大米国家规定硒含量为0.07-0.3毫克/公斤，一个成年人每天食用500克富硒大米，才能达到规定的摄入量，实际上这是很难做到的。其实我们可以适当食用大蒜、香菇、芦笋等硒含量也比较丰富的食品，加以补充。

31. 什么是"癞皮病"

"癞皮病"是由于机体缺乏尼克酸（B族维生素的一种）而引起能量代谢障碍导致的营养缺乏病，典型症状为腹泻、皮炎和痴呆。癞皮病多发生在世界上以玉米为主食的地区，意大利、西班牙、法国、美国和我国新疆等地都爆发、流行过癞皮病。其实，玉米中不缺乏尼克酸，而是由于玉米中的尼克酸是以结合形式存在，不能被机体吸收利用。后来研究发现，煮玉米粥时加一点碱，就可以使结合的尼克酸游离出来，变为可被吸收的形式。现在这一做法已被广泛使用。

32. 五谷养五脏

《黄帝内经》称"五谷为养"，您知道滋养五脏最佳的粮食是什么吗？

大米养脾。《食鉴本草》称大米为"五谷之首"。大米味甘性平，有补中益气、健脾和胃、滋阴除燥之功效。又称"补脾、益五脏、壮气力、止泻痢惟粳米之功为第一"。

小麦养心。小麦味甘性平微寒，有清热除烦、养心安神的功效，有"五谷之贵"美称。《黄帝内经》称小麦为"心之谷"，可补益心气，如心烦失眠者可用小麦与大米、大枣一起煮粥服食。

芝麻养肝。芝麻又称胡麻，《神农本草》中有"胡麻，味甘平。主伤中，虚羸，补五内，益气力，长肌肉，填脑髓"的记载。现在中医治疗中仍以黑芝麻作为药物加以利用，认为黑芝麻有补血明目、祛

风润肠、养肝养发之功效。

小米养肺。《本草纲目》称小米"煮粥时益丹田,补虚损,开肠胃"。《日用本草》认为它"和中益气"。小米熬粥营养丰富,有"代参汤"之美称,能滋养肺阴,治肺虚引起的咳嗽。

黑豆养肾。李时珍《本草纲目》称"黑豆入肾功多,故能消胀、下气、制风热、活血解毒",并有"李守愚每晨水吞黑豆二七枚,到老不衰"的记载。

33. 长寿之乡老人的养生秘诀

被誉为世界长寿之乡的新疆和田、广西巴马、巴基斯坦罕萨和格鲁吉亚的外高加索,当地人都有食用紫苏籽、火麻籽、亚麻籽的习惯。这些植物籽粒都含有α-亚麻酸。专家指出:"如果天天食用α-亚麻酸,人的寿命可以活到150岁",科学家还推测,如果从中年开始服用α-亚麻酸,也能消除疾病,延长寿命20–50年。

α-亚麻酸含有植物甾醇、维生素E及木酚素,具有抗氧化能力、控制糖尿病之功效,还能抗肿瘤特别是防治乳腺癌。

紫苏籽、火麻籽、亚麻籽可以榨油炒菜,但如果直接用它们拌凉菜食用更健康。

34. 一年四季都爱喝粥的乾隆皇帝

喝粥养生在我国具有久远的历史,清代名医王士雄在《随息居饮食谱》中把粥誉为"世间第一补人之物",南宋大诗人陆游在《食粥》中有"我得宛秋平易法,只将食粥致神仙"的诗句。可见粥在养生方面的神奇功效。

乾隆皇帝在位60年，寿活89岁，是历代皇帝中寿命最长者。探究名人的长寿之道，乾隆皇帝一年四季都爱吃粥，春喝药粥（莲子粥、山药粥、百合粥、半夏粥），夏喝绿豆粥、荷叶粥、茯苓粥，秋喝肉粥（东坡粥），冬喝腊八粥。乾隆皇帝是美食家，养生达人，喝粥是他养生秘笈之一。

35. 三餐不能都喝粥

喝粥可以起到滋养脾胃的作用。对一些体质较弱的人、老年人、小孩以及大病初愈的人，喝粥更有利于身体的健康。尤其是用大米熬出的粥，上面含有一层如同膏状的"米油"，它对脾胃的滋补作用更强。

虽然粥是养生的佳品，但不能顿顿都喝粥，要掌握好"度"，保持饮食的多样性和均衡性。粥里面的水含量偏高，在胃容量相同的情况下，同样体积的粥在营养上跟馒头、米饭还是差不少。尤其是白粥，单靠多种谷物的搭配远远无法达到人体的需求量。长期喝粥，可能会出现营养不良。

36. "要多吃粮，少吃肉"

我国"杂交水稻之父"袁隆平，如今已经85岁高龄，依然耳聪目明、思维敏捷，终日奔波在试验田，立志要实现亩产1000公斤的奋斗目标。有人问到袁老的养生之道，他笑了笑答："要多吃粮，少吃肉。"

在袁隆平看来，黄皮肤、黑头发的中国人，几千年来就沿袭着"主食为主，副食为辅"的饮食习惯。近年来，由于生活水平提高，主食吃得少，副食吃得多，越来越多地出现了"富贵病"、"现代生活文明病"。

据袁隆平的保健医生张卓才介绍，袁隆平很少在外面应酬饭局，与山珍海味无缘，从不吃保健品。他一日三餐喜欢吃米饭，经常搭配玉米、红薯、花生等，以素菜为主，荤菜吃得不多。袁隆平的"要多吃粮，少吃肉"，成了饮食养生的经验之谈。

37. 煮粥放碱面面观

营养专家指出：煮粥放碱会破坏粥里面的维生素 B_1、B_2 和维生素 C，所以不主张煮粥放碱，这是对的。

但也有人主张煮粥时放一点碱，好处是：

（1）使淀粉充分溶出，使粥更加黏稠绵软；

（2）加了碱的粥更加香甜可口；

（3）有利糖尿病人食用。

糖尿病人主要是胰岛素出了问题，胰岛素是由多种氨基酸组成的多肽激素。多肽激素有遇酸灭死、遇碱激活的特征，放点碱能激活胰岛素，有利于糖尿病人稳定餐后血糖。

所以煮粥加碱要视情况而定。此外，如果是煮玉米粥，则加点碱是必需的。因为加碱可以把玉米中所含较为丰富的尼克酸从结合状态中释放出来，提高其吸收利用率。

38. "当年产的五谷杂粮要陈一年才好吃"

京剧演员不仅要保护好嗓子，还要注意美容养颜，据说他们每个人都有自己的饮食习惯和经验。梅兰芳喜欢喝粥，尚小云青睐炸酱面，谭富英爱吃炒木须饭。

梅兰芳对粥情有独钟，大米粥、小米粥、绿豆粥、南瓜粥、红薯粥等经常出现在他的餐桌上，而在这些粥中他最喜欢喝的要数"核桃粥"。核桃是"养人之宝"，有通经络、润血脉、黑须发、润肌肤之功效。难怪梅大师晚年依然明眸皓齿、面润细嫩，这都得益于他的科学饮食。

京剧名家张建国在饮食方面，也有自己的独到见解。他经常喝薏米粥，他说现在人的体内湿气太重了，薏米可以有效除湿。夏天他喜欢喝绿豆汤，他说按一位老中医的要求，煮绿豆汤时，绿豆刚一张嘴儿就要马上关火，滤掉绿豆，只喝汤，清热解毒效果最好。另外，他主张："当年产的五谷杂粮要陈一年才好吃，红薯在外面晒一晒更甜。"

39. 高血压病人的主食选择

高血压病人的主食选择应注意三个方面：

第一，要选择低脂肪、低热量的食物，如燕麦、荞麦、玉米、小米、青稞、红薯等。

第二，要选择高钾低钠食物，如红小豆、豌豆、毛豆、小米等。每100克红小豆含钾860毫克，是大米的14倍，高血压病人可以经常食用。

第三，要选择高膳食纤维的食物。如糜子米、大麦、绿豆、麦片、燕麦片、小麦糠、玉米糠等。成年人每天每人应摄入膳食纤维25-35克。新疆产鹰嘴豆含膳食纤维高达19%，而且含有丰富的钙元素和维生素，高血压病人可选择食用。

40. 糖尿病人的主食选择

（1）粮食选择应多吃高纤维、粗加工的谷物，如：糙米、全麦粉、玉米、高粱米、黑米、芡实、燕麦、荞麦、青稞、红豆、绿豆、鹰嘴豆等，

粮食应控制在 3-7 两以内。

（2）多吃玉米好。玉米含膳食纤维丰富，食后有饱腹感，抑制餐后血糖升高；玉米含镁、谷胱甘肽等矿物质和维生素，能加强人体代谢功能。

（3）芡实（鸡头米）可益精力、增智力、耳聪目明，可预防糖尿病。用微火炒熟后，每天吃 10 粒左右。

（4）选择低升糖指数的主食，55 以下为低生糖指数；55-70 为中升糖指数；70 以上为高升糖指数。经测定：大米粥 69.4、大米饭 83.2、面条（全麦粉、细）37.0、面条（小麦粉干、粗）46.0、黑米粥 42.3、玉米（甜、煮）55、小米（煮饭）71.0、小米粥 61.5、荞麦面条 59.3。

（5）不宜吃的危险食品，如油饼、油条、烙饼、蛋糕、面包等油多、热量高的食物。

41. 肾脏病人的主食选择

正常人每天按个人体重每公斤需 1 克蛋白质，肾脏病人则只需 0.6 克即可。

1 两面粉含蛋白质约 4 克，而 1 两粗粮含蛋白质约 8 克，所以，肾脏病人要少吃粗粮。

扁豆、红小豆、黄豆等豆类含钾高的食物，肾脏病人要少吃，因为钾需从尿液排出，增加肾脏负担。需要指出的是，在豆浆和牛奶中，肾脏病人要选择喝豆浆，不要喝牛奶。因为豆类属高钙低磷饮料，而牛奶则高钙高磷，磷会阻止钙进入骨骼。

补肾粥食方：一把黑豆、两把黑米、一小把黑芝麻、10 片百合、三把薏仁米、两个核桃、两把大米，适量红糖。每天坚持吃一碗，连

喝三周，则皮肤白皙光滑，气色好。

42. 痛风病人的主食选择

痛风患者发作期主食宜细不宜粗，适合吃白米饭。

多种豆类，包括红小豆、绿豆、黄豆、黑豆等含嘌呤高，不能吃。但黄豆做成豆浆，嘌呤会大大降低，可以适当吃。

五谷杂粮中，麦片、小米、红薯、高粱米等含嘌呤较低，可选择熬粥。

食疗方一：粳米、薏米、百合按1：1：1比例熬粥，有利尿酸排出。

食疗方二：姜蚕20克、黑豆20克、红酒500毫升，泡半个月后即可食用，每天50毫升。红酒活血化瘀，黑豆补肾，姜蚕有祛风散结作用。

43. 人为什么要吃油

油脂是人们生长发育中不可缺少的物质，是为人体提供热量的最重要的物质之一。人们食用油脂，主要是摄取其所含有的脂肪酸，脂肪酸可分为饱和脂肪酸和不饱和脂肪酸。特别是不饱和脂肪酸中的亚油酸、亚麻酸和花生四烯酸是唯一存在于油脂中的脂肪酸，也是人体中的"必需脂肪酸"。人类不能自身合成，缺少了它们，就影响人体发育和身体健康，甚至生病。

44. 不吃油可以吗

食用油摄入过多，能诱发"三高"等疾病。一点油不进可以吗？也不行。

不吃油会变傻。油的成分基本上是脂肪酸，脂肪酸中的不饱和脂肪酸是增加脑部细胞活性、加强记忆的重要物质。所以，长期不吃油的人会变傻。

不吃油会变胖。油脂可以软化食物纤维，减少食物体积，预防胆结石。有些减肥的人只吃水煮菜，膳食纤维够了，但油水不够，肠道蠕动困难，不但减不了肥，反而会变胖。

不吃油会变丑。脂溶性维生素，如维生素A、D、E、K等，必须以油为载体，将其溶解才能被人体吸收。不吃油，将导致脂溶性维生素不能被吸收，引起皮肤起皱，加速衰老。

45. 永远不吃动物油，对吗

不少人认为动物油含大量饱和脂肪酸，能导致动脉硬化，引发心脑血管疾病等，因此对动物油一滴也不沾。其实动物油中还含有对心血管有益的双碳多烯酸、脂蛋白等，可起到改善颅内动脉营养、抗高血压和预防脑中风的作用。此外，动物油还能起到使皮肤恒温、保护肝脏等作用。

正确的吃法是植物油、动物油按7∶3的比例混搭食用，更有利于防止心脑血管疾病。

46. 只吃橄榄油行吗

橄榄油含有丰富的单不饱和脂肪酸——油酸，对软化血管、防止心脑血管疾病有一定的作用。但只吃橄榄油营养不全面，缺乏必要脂肪酸（多不饱和脂肪酸），影响身体健康。特别是婴儿，只吃橄榄油

会得皮炎、湿疹或不易看出的身体发育不良。

47. 棕榈油真的很可怕吗

棕榈油含有约 49% 的饱和脂肪酸，比猪油的饱和脂肪酸含量高出 10%。所以，不少人说到棕榈油都谈虎变色，不敢问津。其实，棕榈油有不少优点是其他植物油所不及的。

第一，棕榈油是由油榕树上的棕果果肉榨取的一种植物油，口感好，无任何异味。

第二，棕榈油燃点高达 246℃，具有良好的煎炸特性，经棕榈油煎炸的食物颜色好看。

第三，棕榈油稳定性好，抗氧化性强，不易氧化酸败。棕榈油含有胡萝卜素和生育酚（维生素 E），而生育酚也是一种高效的天然抗氧化剂。

当然，棕榈油最大的优势在于价格便宜，进口 1 吨棕榈油，比进口 1 吨豆油的价格要低 2000 元左右。棕榈油主要来自马来西亚，中国及世界食品行业都在使用，至今已有 5 千年的历史。只要不是天天都吃棕榈油，大可不必惊慌失措。

48. 稻米油降脂靠谱吗

稻米油，又称米糠油，有人说米糠油含有植物固醇，它是胆固醇的"克星"，每天摄入植物固醇 2 克（2000 毫克），就可以把异常升高的胆固醇降低 10% 至 15%。可是 1 克稻米油只含约 12 毫克的植物固醇，而要通过摄取稻米油来降低血胆固醇，每天至少要食入 167 克。

中国营养学会编著的《中国居民膳食指南》一书建议每个成年人一天食用油摄入量 25 克为宜,显然靠摄取稻米油降脂是不靠谱的。

49. 油饼、油条等油炸食品不宜多吃

油饼、油条等油炸食物色、香、味俱全,人们一般都爱吃。但是,如果常吃油炸食品,对身体有害,应引起高度重视。

炸油饼时,油温高达 210℃,油经过高温后,其含有的维生素 A、维生素 E 和必需的脂肪酸遭到严重破坏;面粉中的维生素 B_1 几乎全部被破坏,维生素 B_2 损失 50%。不仅食物营养被破坏,油在高温下经反复使用,可产生有害的致癌物质——苯丙芘。因此,油饼、油条等油炸食品不宜常吃,也不宜多吃。

50. 炸食物的剩油怎么处理

炸过一两次食物的油,不能再反复使用,否则就会产生苯丙芘及丙烯酰胺等致癌物质。由于这些油不适合继续加热食用,因此用其炒菜是不科学的。那么这些剩油有哪些用途呢?

第一,做饺子、包子等食物时,可用剩油来拌馅。这些食物加热温度不会超过 100℃,因此是剩油合理利用的好机会。

第二,拌凉菜时,可以将剩油轻微加热后,当做香油用。拌凉菜不一定非用香油,用这种熟油拌菜另有一种风味。

第三,炖菜时,如熬萝卜、白菜,可以事先不放油,清水煮,出锅时放点剩油做浮油,味道更鲜美。

第四,炒菜时可以用少量新油先炝炝锅,等主料下锅后,再适量

加点剩油，锅里的温度不会太高，油的总量也不会超。

第五，蒸花卷、千层饼等面食，使用剩油，也可以使剩油得到合理利用。

51."三高"人群吃哪种油好

在我国，高血压、高血糖、高血脂已经成为危害人们身体健康的一大杀手。专家指出，"三高"疾病与脂肪和饱和脂肪酸摄入有关。

所以，"三高"人群每日一定要控制食用油的摄入量，同时要选择富含不饱和脂肪酸的植物油，如大豆油、玉米油、葵花籽油、茶籽油等。由于各种植物油的结构和营养成分不同，长期食用单一的植物油并不利于健康。从营养均衡的角度出发，不同品种的油要合理搭配才是科学合理的方法。

52.黑芝麻护眼攻略

肝开窍于目，肝血充盈与否，直接影响视力。人眼睛能看清东西是靠肝血的调养，肝肾同源，肾虚则肝血不足，故肾脏精气也是影响视力的重要因素。古代医书记载：芝麻味甘性平，具有滋补肝肾、养血、明目的功效。芝麻中的蛋白质含量丰富，多于肉类，含钙量是牛奶的2倍，芝麻还含有丰富的维生素A、D、E及B族维生素，这些都是维护眼睛功效正常的物质。

尤其是黑芝麻含有丰富的油酸、亚油酸、甘油酸等，都是人体组织细胞的重要组成成分，常吃黑芝麻能使眼睛明亮有神。做法是将黑芝麻在微火上炒熟，擀碎，加入少量的食盐，放在玻璃罐中，喝粥、煲汤、炒菜时加入一两羹匙即可。

[**大和恒的特色粮油**]

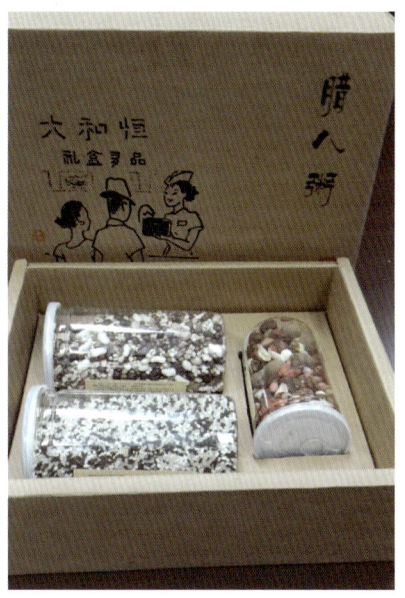

大和恒精品礼盒（一）

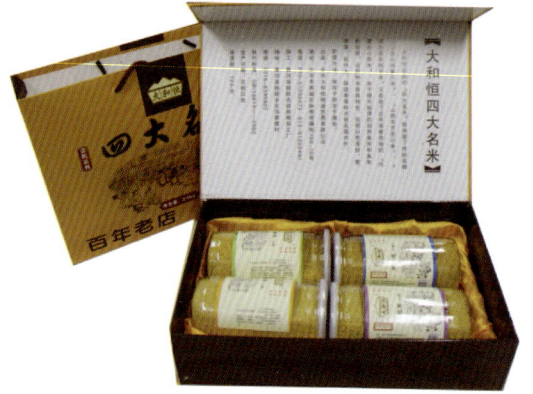
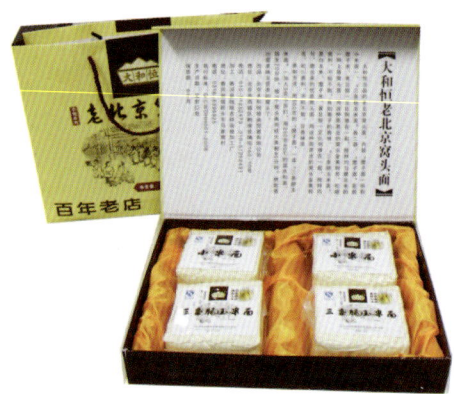

大和恒精品礼盒（二）

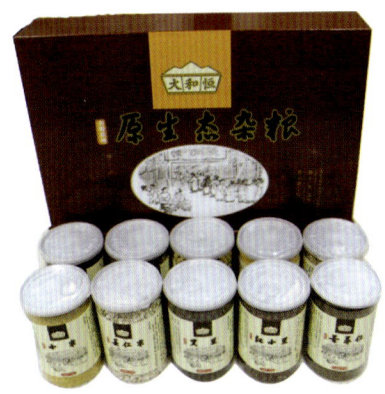

大和恒精品礼盒(三)

大和恒十大营养配比粥

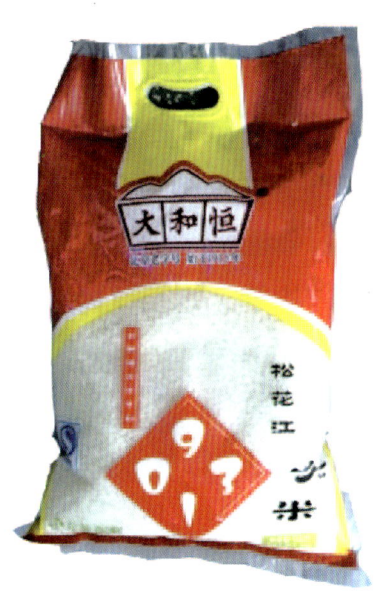

大和恒品牌大米

大和恒香油、芝麻酱、亚麻油

大和恒特色杂粮